Anselm Grün

50 Engel für das Jahr

Ein Inspirationsbuch

HERDER

FREIBURG · BASEL · WIEN

MIX
Papier aus verantwor-
tungsvollen Quellen
FSC® C014496

Aktualisierte Neuausgabe 2022

© Verlag Herder GmbH, Freiburg im Breisgau 1997
Alle Rechte vorbehalten
www.herder.de

Umschlaggestaltung: Designbüro Gestaltungssaal
Umschlagmotiv: shutterstock/dmitroscope
Herstellung: GGP Media GmbH, Pößneck

ISBN (Print) 978-3-451-03365-0
ISBN (EPUB) 978-3-451-82785-3

Inhalt

Inhalt

Einleitung

Eine junge Frau ist bei einer Silvesterparty. Es ist ein Kreis, der das neue Jahr bewusst beginnen möchte, nicht nur mit Sekt und Böllerschüssen. Jemand hat 50 Engel für das Jahr auf 50 Karten geschrieben und die Teilnehmer eingeladen, sich einen Engel für das kommende Jahr zu ziehen. Es sind 50 Haltungen darauf geschrieben, die unser Leben prägen sollen. Natürlich können nicht alle 50 Haltungen zugleich mein Leben bestimmen. Aber wenn ich ein Jahr lang eine Haltung einübe, dann wird sich das auf mein ganzes Leben hin auswirken, dann wird in mir etwas neu. Eine Haltung möchte Halt geben mitten in der Haltlosigkeit unseres Lebens. Sie entspricht dem, was wir früher Tugend nannten. Tugend kommt von taugen. Wenn wir so eine Tugend einüben, dann taugt unser Leben, dann wird es gelingen. Im Lateinischen heißt die Tugend *virtus*. Virtus meint zugleich die Kraft und die Festigkeit, mit der einer im Leben steht. In der Tugend liegt eine Kraft, die unser Leben umzugestalten vermag. Für die Griechen war Tugend die *arete*, die Wesensart des edlen und gebildeten Menschen.

Die Haltungen wurden Engeln zugeordnet. Engel werden heute wieder modern. Nachdem sie jahrzehntelang in der Theologie – und auch im allgemeinen Bewusstsein – eher ein bescheidenes Dasein fristeten, werden sie heute in zahlreichen Büchern wieder hochgehalten. In der Bibel sind Engel Boten Gottes. Sie zeigen Gottes helfende und heilende Nähe an. Es ist nicht immer klar, ob sie selbstständige Wesen sind oder nur Bilder für Gottes liebende und tröstende Gegenwart. Sicher ist dies: Engel sind Botschafter einer anderen, tieferen

Wirklichkeit für die Menschen. Die Vorstellungen, die wir mit ihnen verbinden, sind kostbare Bilder, Imaginationen einer Sehnsucht nach einer anderen Welt der Geborgenheit und Leichtigkeit, der Schönheit und Hoffnung. Das gehört zur tieferen Wahrheit der Engel: Sie zeigen, dass unser Leben „mehr" ist, dass es auf anderes verweist. Engel sind Bilder der tiefen, bleibenden Sehnsucht nach Hilfe und Heilung, die nicht aus uns selber kommt. Dass sie heute wieder „ankommen", ist Ausdruck einer Hoffnung: dass unser Leben wirklich nicht ins Leere läuft, dass es glücken kann, dass wir ankommen können an unserem eigentlichen Ziel. Engel sind spirituelle Wegbegleiter. Sie bringen uns in Berührung mit einer tiefen Sehnsucht, die in einem jeden von uns steckt. Sie sind eine Quelle der Inspiration. Da wird ein anderes, größeres Leben in uns eingehaucht, das dieser Sehnsucht unseres Herzens gerecht wird.

Gott sendet seine Engel, um die Menschen zu schützen. Das Gebet zum Schutzengel ist uns seit den Kindertagen vertraut. Viele haben das Bild des Schutzengels abgetan. Aber wenn sie mit dem Auto glücklich einem Unfall entrinnen, dann glauben sie doch, dass sie da einen guten Schutzengel hatten. Es ist nicht so wichtig, ob es nun Gott selbst war, der uns geschützt hat, oder ein Engel, den er zu unserem Schutz gesandt hat. Bilder haben eine eigene Mächtigkeit. Daher dürfen wir getrost die Sprache der Bilder benutzen, um Gottes helfendes Tun zu beschreiben. Es sind Engel, die uns zur Seite stehen. Es sind Engel, die uns bewachen. Es sind Engel, die uns im Traume verkünden, wohin unser Weg gehen sollte.

Engel sind Wegbegleiter. Sie zeigen uns den Weg, wie einst der Engel Raphael den jungen Tobias sicher ans Ziel geleitet hat. Gott schickt seinen Engel, um den Petrus aus dem Gefängnis zu befreien, um Jesus am Ölberg zu stärken. Engel deuten uns oft, was wir nicht verstehen. So deutet ein Engel Maria, was an ihr geschehen soll. Und es ist ein Engel, der Joseph im Traum erscheint, um ihm zu erklären, was mit Maria, seiner Verlobten, los sei. Engel sind heute durchaus wieder hoffähig geworden. Rilke spricht immer wieder von den Engeln, die in unser Leben treten. Moderne Künstler malen Bilder von Engeln: Paul Klee hat auf seinen Bildern in den letzten Lebensjahren oft den Engel dargestellt. 1920 malte er den berühmten „Angelus Novus". Marc Chagall malt den „Engel im Paradies". Von Salvador Dali stammt der „Engel", von Andreas Feiger „Segnender Engel" und von HAP Grieshaber „Engel der Geschichte". Und auch die Popmusik nimmt sich der Engel an: „Engel träumen nicht allein" singt Bernd Clüver, und Juliane Werding nennt ihre CD „Zeit für Engel". Viele Menschen verbinden mit Engel heute die Vorstellung von Schutz, Geborgenheit, Schönheit, Hoffnung und Leichtigkeit.

Die Bibel weiß von den Engeln noch etwas anderes. Sie schauen das Antlitz Gottes. So sagt es uns schon Jesus: „Hütet euch davor, einen von diesen Kleinen zu verachten! Denn ich sage euch: Ihre Engel im Himmel sehen stets das Angesicht meines himmlischen Vaters" (Mt 18,10). Der heilige Benedikt ist überzeugt, dass die Mönche im Angesicht der Engel Gott die Psalmen singen. Sie singen nicht allein. Engel stehen um sie herum und öffnen ihnen den Himmel über ihrem Gesang. Die Engel tragen ihr Gebet vor Gott. Sie geben ihnen die Hoffnung und das Vertrauen, dass ihr Gebet nicht umsonst ist. Engel, die uns umstehen, wenn wir beten, verbinden Himmel und Erde, sie stehen dafür, dass wir hier nicht allein sind mit unserem Bemühen, Gott im Gebet zu erfahren. Die Engel sagen uns: Gott ist nahe. Du bist eingetaucht in Seine heilende und liebende Gegenwart.

Die Vorstellung, dass Engel bestimmten Haltungen entsprechen, ist in der Gegenwart von der Gemeinschaft von Findhorn aufgegriffen worden. Die Menschen in dieser Gemeinschaft sind offensichtlich davon überzeugt, dass wir uns mit Engeln verständigen können, dass Engel uns etwas über uns und unsere Wandlungsmöglichkeiten sagen, dass sie uns Halt geben und uns neue Haltungen anvertrauen. Von solcher Art sind die in diesem Buch vorgestellten „50 Engel für das Jahr" in der Tat: Sie führen uns in Haltungen ein, die unserem Leben guttun.

Die Engel möchten in uns etwas hervorrufen, was wir im Getriebe des Alltags vergessen oder vernachlässigen. Es ist ein schönes Bild, sich vorzustellen, dass mich in diesem Jahr der Engel der Treue begleitet oder der Engel der Zärtlichkeit, dass Gott einen Engel zu mir schickt, der mich einweist in das Geheimnis der Treue oder der Zärtlichkeit. Die 50 Engel für das Jahr sind Begleiter für unseren Lebensweg, Boten der Hoffnung, dass wir nicht ziellos leben, dass wir ankommen können beim Ziel unseres Lebens. In den 50 Haltungen sind lebensgestaltende Kräfte beschrieben, Potenziale, die unser Leben umgestalten, die uns mehr und mehr so formen können, wie es dem „ursprünglichen Bild" entspricht: wie wir sein könnten und sollten. Im Bild der Engel treten uns diese Potenziale der Transformation entgegen. Das meint freilich auch: Diese Haltungen sind nie nur Ausdruck eigener Anstrengung und Leistung. Sie sind auch Geschenk, Gnade, uns zugesprochene Weisheit.

Bei der Silvesterparty hat jeder einen Engel gezogen. Dabei hat er vertraut, dass er gerade den Engel zieht, den er für das neue Jahr braucht, der ihm guttut. Wir könnten einem Freund oder einer Freundin zum Geburtstag oder zum Namenstag auch einen Engel wünschen. Die Gedanken, die mir zu den einzelnen Engeln eingefallen sind, könnten dabei helfen, unsere guten Wünsche konkreter zu formen, nicht stehen zu bleiben bei den nichtssagenden Worten, die sonst auf unseren Glückwunschkarten stehen. Du kannst aber auch für dich selbst so einen Engel aussuchen, der dich in der kommenden Woche oder im kommenden Monat oder im neuen Lebensjahr begleiten soll.

Suche dir den Engel, der dich unmittelbar anspricht, von dem du glaubst, dass er dir gerade jetzt guttäte. Und wenn du möchtest, kannst du dich auch austauschen mit anderen Menschen, von denen du weißt, dass sie auch mit so einem Engel leben. Was hat dich dein Engel gelehrt? Welche Erfahrungen hast du mit ihm gemacht? Was ist dir neu aufgegangen? Wo ist etwas in Bewegung geraten? Was ist in dir aufgeblüht?

1
Der Engel der Liebe

Liebe ist ein so abgegriffenes Wort, dass ich mich fast scheue, es an die Spitze der 50 Engel zu setzen. Die Schlager singen von Liebe: Alles dreht sich um die Liebe. Und viele verbinden mit dem Wort Liebe gleich die Vorstellung von erfüllter Sexualität. Aber wie geschändet das Wort Liebe auch sein mag, im Grunde seines Herzens sehnt sich doch jeder nach Liebe. Er sehnt sich danach, von einem anderen Menschen bedingungslos geliebt zu werden. Er freut sich, wenn er sich in einen andern verliebt, der seine Liebe erwidert. Dann blüht etwas in ihm auf. Sein Gesicht strahlt auf einmal Freude aus. Er weiß sich von einem Freund oder einer Freundin bedingungslos angenommen und geliebt. Die Liebe – so sagen uns die Märchen – kann versteinerte Menschen wieder zum Leben wecken. Sie kann aus Tieren wieder Menschen machen. Sie kann Menschen, die besetzt waren von einem Trieb – das meinen die Tiere in den Märchen –, die verzaubert waren von einer Hexe, von feindlichen Projektionen, wieder in wunderschöne Prinzen oder Prinzessinnen verwandeln, die liebenswert und begehrenswert sind, die glücklich sein und glücklich machen können.

Wenn ich mir oder dir den Engel der Liebe wünsche, dann wünsche ich dir aber nicht nur, dass du von andern geliebt wirst oder dass du dich in einen Mann oder eine Frau verliebst. Denn Liebe ist mehr als Verliebtsein. Liebe ist für mich eine eigene Qualität. Ich habe in meiner Zelle eine Ikone des heiligen Nikolaus. Wenn ich die anschaue, spüre ich, dass dieser Heilige in sich ganz Liebe ist. Er strahlt einfach Liebe aus. Er ist nicht verliebt in eine Frau. Er ist wahrscheinlich auch nicht verliebt in Jesus Christus, aber er ist so ganz und gar von der Liebe durchdrungen, dass er sie mit seinem ganzen Wesen widerspiegelt. Das ist eine Ursehnsucht des Menschen, dass er nicht nur den Freund und die Freundin zu lieben vermag, sondern dass er selber zur Liebe wird. Wer zur Liebe geworden ist, der liebt alles um sich herum. Er begegnet jedem Menschen voller Liebe und lockt in ihm das Leben hervor. Er berührt jeden Grashalm mit Ehrfurcht und Liebe. Er weiß um die Vorstellung des Talmud, dass Gott jedem Grashalm einen Engel beigegeben hat, damit er wachse. Er betrachtet die untergehende Sonne voller Liebe. Er fühlt sich von Gott geliebt, sodass Seine Liebe durch ihn hindurchströmt. Alles, was er tut, ist von dieser Liebe geprägt. Seine Arbeit geschieht aus Liebe. Wenn er singt, singt er, weil er liebt, weil seine Liebe sich einen Ausdruck sucht.

Seit jeher spricht man gerade im Zusammenhang mit der Liebe vom Engel der Liebe. Zu dem, der mich liebt, sage ich: Du bist ein Engel. Wenn ich Liebe erfahren darf, habe ich das Gefühl, dass ein Engel in mein Leben getreten ist. Phil Bosmans meint, ein Engel sei jemand, „den Gott dir ins Leben schickt, unerwartet und unverdient, damit er dir, wenn es ganz dunkel ist, ein paar Sterne anzündet".

Rose Ausländer weiß um den Engel in dir, der sich über dein Licht freut und über deine Finsternis weint:

> *Aus seinen Flügeln rauschen*
> *Liebesworte*
> *Gedichte Liebkosungen.*

Wir brauchen Engel der Liebe, die uns einführen in das Geheimnis der Liebe, die uns in Berührung bringen mit der Quelle der Liebe, die in uns sprudelt, die aber oft genug verschüttet ist oder getrübt durch unsere gekränkten Emotionen.

Aber du musst mit dem Engel der Liebe auch behutsam umgehen. Du darfst ihn nicht überfordern. Er kann nur das Material, das du ihm anbietest, verwandeln. Wenn du deine aggressiven Gefühle unterdrückst und verschließt, kann sie der Engel auch nicht mit seiner Liebe durchdringen. Dann bleiben sie in dir wie ein bitterer Kaffeesatz liegen. Und allmählich werden sie deine Bemühungen um Liebe stören. Halte deinem Engel der Liebe alles hin, was in dir ist, auch die Wut und den Ärger, auch die Eifersucht und die Angst, auch die Unlust und Enttäuschung. Denn alles in dir möchte von der Liebe verwandelt werden. Lass dich vom Engel der Liebe überallhin begleiten. Nimm ihn mit in deine Konflikte am Arbeitsplatz, in deine Auseinandersetzung in der Familie, in der Ehe oder Freundschaft. Der Engel der Liebe ist kein frommer Zuckerguss, der auf alles gestreut wird, sondern er möchte dein Leben verwandeln. Er verbietet dir nichts. Er verbietet dir deinen Ärger nicht. Er verlangt nicht, dass du dich nicht verletzt fühlst. Er möchte nur, dass du alles, was du erlebst, von ihm durchleuchten lässt. Dann wirst du deine Konflikte in einem anderen Licht sehen. Sie werden nicht einfach verschwinden. Es wird nicht immer schnelle und glatte Lösungen geben. Dein Engel der Liebe liebt auch die Wahrheit. Er möchte, dass ihr genau anschaut, was vorgefallen ist, dass ihr eure Gefühle ernst nehmt, die ihr bei dem Konflikt habt. Aber er möchte auch, dass ihr euch nicht an euren verletzten Gefühlen festklammert, sondern dass ihr sie infrage stellen lasst von der Liebe.

Lieben heißt nicht zuerst, liebevolle Gefühle zu haben. Lieben kommt von *liob*, gut. Es braucht zuerst den Glauben, das gute Sehen, um dann lieben, gut behandeln zu können. Liebe braucht erst eine neue Sichtweise. Bitte deinen Engel der Liebe, dass er dir neue Augen schenken möge, dass du die Menschen um dich und dass du dich selbst in einem neuen Licht sehen kannst, dass du den guten Kern in dir und den andern entdecken kannst. Dann kannst du auch besser damit umgehen. Ich wünsche dir, dass dich dein Engel der Liebe immer mehr einführt in das Geheimnis der göttlichen Liebe, die in dir ist wie eine Quelle, die nie versiegt. Du musst die Liebe in dir nicht schaffen. Du sollst aus dem Quell der göttlichen Liebe trinken, die in dir sprudelt und die für dich immer reicht.

2
Der Engel der Versöhnung

Der Engel der Versöhnung soll dich befähigen, dich erst einmal mit dir selbst auszusöhnen. Viele Menschen leben heute unversöhnt. Sie können sich nicht damit aussöhnen, dass ihr Leben anders verlaufen ist, als sie es geplant hatten. Sie hadern mit ihrem Schicksal, mit den Enttäuschungen, die ihnen das Leben bereitet hat. Sie liegen mit sich selbst im Streit. Sie können sich selbst nicht bejahen. Sie möchten sich gerne anders haben, intelligenter, erfolgreicher und liebenswerter. Sie möchten besser aussehen. Sie haben ein ganz bestimmtes Bild von sich, dem sie gerne entsprechen möchten.

Das Wort Versöhnung kommt vom mittelhochdeutschen *süene* und meint: Schlichtung, Friede, Kuss. Und es klingt noch die Bedeutung mit: „still machen, beschwichtigen". Sich mit sich selbst versöhnen heißt also: Frieden stiften mit mir selbst, einverstanden sein mit mir, so, wie ich geworden bin. Den Streit schlichten zwischen den verschiedenen Bedürfnissen und Wünschen, die mich hin und her zerren. Die Spaltung aufheben, die sich in mir auftut zwischen meinem Idealbild und meiner Realität. Die aufgebrachte Seele beruhigen, die sich immer wieder auflehnt gegen meine Wirklichkeit. Und es heißt, das küssen, was mir so schwerfällt, meine Fehler und Schwächen küssen, zärtlich umgehen mit mir selbst, gerade mit dem, was meinem Idealbild widerspricht. Da muss mir schon ein Engel zu

Hilfe kommen, damit die Versöhnung mit mir selbst gelingt, damit ich wirklich Ja sagen kann zu meiner Lebensgeschichte, zu meinem Charakter, zu dem, was ich an Last und Belastung mitbekommen habe.

Nur wenn ich mit mir selbst versöhnt bin, kann ich auch daran denken, Menschen in meiner Umgebung, die mit mir und mit andern im Streit liegen, zu versöhnen. Menschen, die in sich gespalten und unversöhnt sind, werden auch um sich herum Spaltung hervorrufen. Es gibt heute viele fromme Menschen, die ihre innere Spaltung nach außen tragen. Weil sie ein zu hohes Idealbild haben, spalten sie alles Dunkle in sich ab. Und das müssen sie dann auf die andern projizieren. Sie sehen dann in den andern ständig den Teufel oder irgendwelche Dämonen. Sie müssen die verteufeln, die nicht nach den Normen der Kirche leben, die nicht ihren eigenen Vorstellungen einer christlichen Moral entsprechen. Weil sie den Teufel im eigenen Herzen abgespalten haben, sehen sie ihn überall in ihrer Umgebung. Um solche Menschen herum entsteht Spaltung. Die einen sind begeistert, dass da endlich jemand kommt, der sich traut, die Wahrheit zu sagen. Die andern spüren, dass da etwas Krankes und Spaltendes von ihnen ausgeht, und sie wenden sich von ihnen ab.

Der Apostel Paulus versteht den Dienst der Christen gerade als Dienst der Versöhnung. Gott selbst hat uns den Dienst der Versöhnung übertragen (vgl. 2 Kor 5,18). Der Engel der Versöhnung will dich zu einem Boten der Versöhnung machen, nicht indem du überall Versöhnung forderst und anmahnst, sondern indem du Versöhnung stiftest. Versöhnung heißt nicht, dass du alle Konflikte um dich herum mit einem frommen Mantel zudeckst, dass du alle Meinungsverschiedenheiten und Auseinandersetzungen harmonisieren möchtest. Das verwechseln viele mit Versöhnung. Aber in Wirklichkeit können sie Konflikte nicht aushalten. Sie bekommen Angst, wenn nicht alles um sie herum harmonisch ist. Sie werden erinnert an Situationen in der Kindheit, die sie verunsichert haben, etwa Ehestreitigkeiten, die für sie bedrohlich waren, weil sie ihnen das Gefühl von Geborgenheit und Heimat geraubt haben. Versöhnen heißt schlichten. Und schlichten heißt ebnen, einen Weg ebnen zwischen den verschiedenen Parteien, eine Brücke bauen zwischen den sich widerstreitenden Gruppen. Aber es heißt nicht, alles einebnen, alles harmonisieren. Die Standpunkte dürfen bleiben. Aber sie bekämpfen sich nicht mehr. Es gibt eine Brücke, auf der die beiden Parteien wieder miteinander kommunizieren, auf der sie wieder aufeinander zugehen können.

Bevor du andere miteinander versöhnen willst, bevor du den Streit schlichten kannst zwischen verfeindeten Gruppen in deiner Nähe, musst du zuerst mit dir selbst versöhnt sein. Und du musst in Versöhnung mit den Menschen in deiner Nähe leben. Auch das bedeutet nicht, dass du um den Preis der Einheit alle deine Gefühle und Bedürfnisse unterdrücken sollst. Im Gegenteil, wenn du um des Friedens willen deinen Ärger unterdrückst, wirst du nie wirklich versöhnt sein mit dem, über den du dich geärgert hast. Du musst deine Gefühle ernst nehmen. Und du darfst deine Gefühle nicht bewerten. Sie haben alle ihren Sinn. Wenn du dich ärgerst über deine Arbeitskollegin, so hat das einen Sinn. Der Ärger ist der Impuls, etwas zu verändern oder etwas anders zu sehen. Wenn ich mich im Gespräch mit jemandem ärgere und den Ärger dann fromm unterdrücke, so vergiftet das die Atmosphäre. Wenn ich den Ärger angemessen anspreche, ohne ihn zu bewerten, so kann der Ärger etwas klären. Der Ärger zeigt oft, dass der andere nicht wirklich das sagt, was er denkt und fühlt, sondern um den heißen Brei herumredet. Wenn ich meinen Ärger äußere, biete ich dem andern die Möglichkeit, bei sich selbst noch einmal kritisch hinzuschauen. Ich biete ihm eine Brücke an, auf der wir ehrlicher und besser kommunizieren können. Aber entscheidend ist, dass ich nicht unbedingt recht haben möchte, sondern den andern achte und mit ihm Versöhnung möchte. Versöhnung heißt, den andern ernst nehmen, aber auch mich selbst mit meinen Gefühlen ernst nehmen.

Versöhnung hat auch eine politische Dimension. Unversöhnte Menschen spalten nicht nur die Menschen um sich herum. Die Spaltung geht weiter. Sie prägen die Stimmung im Land. Sie bestätigen die Vorurteile gegenüber Andersdenkenden und Anderslebenden. Und sie schaffen eine Atmosphäre, in der man gegen Fremde und Fremdartige gewaltsam vorgeht. So will der Engel der Versöhnung dich zu einem Sauerteig der Versöhnung machen für unsere Welt. Wenn du in deinem Reden versöhnt bist, wird von dir auch Versöhnung ausgehen. Dann werden sich in deiner Nähe Ausländer und Randgruppen angenommen fühlen. Dann wirst du keine Spaltpilze säen, sondern ein Senfkorn der Hoffnung und Versöhnung.

3
Der Engel der Ausgelassenheit

Das Wort Ausgelassenheit ist ein Wort, das mich persönlich eher etwas befremdet. Vielleicht deshalb, weil ich selbst kein ausgelassener, sondern eher ein selbstbeherrschter Mensch bin. Aber vielleicht kannst du genauso wie ich ein wenig Ausgelassenheit brauchen. Ausgelassen meint, dass ich meine Rolle loslasse, die ich sonst spiele, dass ich meine Maske fallen lasse, dass ich meine innere Lebendigkeit auch nach außen lebe. Wir nennen einen ausgelassenen Menschen übermütig. Er geht über den normalen Mut hinaus. Mut meint im Mittelhochdeutschen Streben, Trachten, Gewohnheit, Sitte. Er lebt also nicht nur nach der allgemeinen Sitte und Norm, sondern er lebt aus sich heraus, aus dem eigenen Streben heraus. Er hat ein Herz, das überquillt vor Freude und Lebendigkeit.

Der Engel der Ausgelassenheit möchte dir den Mut schenken, der eigenen Lebendigkeit zu trauen. Du musst nicht immer danach sehen, was die andern von dir denken, ob das, was du tust, noch der Sitte entspricht, ob es den Erwartungen der andern gerecht wird. Du darfst all die Erwartungen von außen auslassen. Du darfst dir und deinem Herzen, deinem Mut trauen. Leben will sich ausdrücken. Und Leben ist nicht immer nur Ebenmaß. Es ist auch überschäumend, übermütig, es ist kindlich, spontan. Du kannst dir nicht einfach vornehmen, nun spontan zu sein. Denn das wäre eine paradoxe Lösung. Entweder du bist spontan oder nicht. Aber wenn du spontan sein willst, bist du es schon nicht mehr.

Vielleicht bist du nur diszipliniert. Dann könntest du den Engel der Ausgelassenheit bitten, dich in die Freiheit zu führen. Es braucht Abstand von uns selbst, wenn wir uns erlauben, einfach einmal das zu leben, was in uns ist. Zu oft überlegen wir, was die andern dann denken würden, welchen Eindruck wir auf die andern machten, wenn wir uns so und so gäben. Ausgelassenheit ist die Freiheit von allem Nachsinnen über die Erwartungen der andern. Wir lassen die Erwartungen der andern beiseite und vertrauen dem Leben, das in uns ist. Wir lassen die Rolle aus, die wir sonst spielen. Wir lassen die Maske los, die uns oft genug unsere innere Lebendigkeit verstellt.

Ausgelassenheit meint sprühende Lebendigkeit. Auch die können wir nicht einfach machen. Manchmal fühlen wir uns lebendig. Da strömt alles in uns. Da sprudeln die Worte nur so aus uns heraus. Da können wir eine ganze Gesellschaft anstecken. Da haben wir ganz verrückte Einfälle. Von solcher Ausgelassenheit springt der Funke meistens auf die andern über. Und es geht Freiheit davon aus. Die andern fühlen sich auf einmal auch frei genug, den eigenen Intuitionen zu trauen, dem Kind in sich zu trauen, das spielen möchte, ohne nach dem Zweck und Nutzen zu fragen. Das Kind ist in Berührung mit sich selbst. Es lebt aus sich heraus und nicht aus den Erwartungen seiner Umwelt. Danach sehnen wir uns als Erwachsene wieder, einfach nur zu leben, ohne das Leben so kompliziert zu machen durch unsere vielen Überlegungen, die dauernd abwägen, was wir dürfen und sollen und was andere von uns wollen. Ich wünsche dir, dass dich der Engel der Ausgelassenheit in diese Freiheit des Kindes hineinführt und dass du mit allen deinen Sinnen das Leben und die Freiheit genießen kannst.

4

Der Engel des Bewahrens

Das deutsche Wort bewahren kommt von dem althochdeutschen *wara* und bedeutet „Aufmerksamkeit, Acht, Obhut, Aufsicht". Es meint, dass wir aufmerksam und behutsam umgehen mit allem, was wir erleben, was wir hören, was wir sehen und erkennen. Gerade in unserer flüchtigen Zeit brauchen wir den Engel des Bewahrens, nicht um uns in der Vergangenheit festzumachen, sondern um den Schatz des Erlebten nicht in der Hektik des Lebens zu verlieren. In unserer schnelllebigen Zeit verlieren wir schon bald aus dem Auge, was wir gesehen haben. Wir gehen von einem Eindruck zum andern über. Aber so kann in uns nichts wachsen. Und wir fühlen uns zerrissen. Wir können nicht auskosten, was wir erlebt haben. Viele Menschen sind heute unfähig, intensiv in der Gegenwart zu leben, das zu erspüren, was sie erleben. So brauchen sie immer größere Anstöße von außen, um sich überhaupt zu spüren.

Die frühen Mönche haben eine Methode entwickelt, wie sie ganz in der Gegenwart leben konnten. Es war die Methode der Meditation, oder wie sie es auch nannten, der *ruminatio*. *Ruminari* heißt wiederkäuen. Sie nahmen also die Worte der Schrift in ihren Mund und kauten sie immer wieder. Sie wiederholten sie in ihrem Herzen, betrachteten sie, nahmen sie immer wieder neu in ihren Blick, schauten von allen Seiten auf dieses Wort. So konnte ein einziges Wort der

Schrift sie tagelang beschäftigen. Und das Wort wurde so in ihnen Fleisch. Es hat sie verwandelt. Es hat ihnen Halt gegeben in der Unruhe ihres Geistes und im Lärm der Welt. Und es hat sie dazu befähigt, ganz im Augenblick zu sein. Es gab für sie nichts Wichtigeres, als gegenwärtig vor dem gegenwärtigen Gott zu sein.

Es gibt einen schönen Väterspruch, der unsern Umgang mit dem Wort vergleicht mit dem Verhalten des Pferdes und des Kamels. Das Kamel begnügt sich mit wenig Nahrung, die es immer wiederkäut. Das Pferd braucht dagegen viel zum Fressen. Es wird nie satt. Und der Altvater Antonios mahnt uns, nicht wie die Pferde, sondern wie die Kamele mit dem Wort Gottes umzugehen. Wir sollen nicht unersättlich immer wieder Neues in uns hineinstopfen, sondern das Wenige, das wir gehört und gelesen haben, in unserem Herzen bewahren. Dann kann es uns verwandeln. Dann können wir davon leben. Dietrich Bonhoeffer schreibt im Gefängnis in Tegel, wie er sich Erinnerungen wachruft und wie sie ihm in der Einsamkeit der Gefängniszelle Licht und Trost schenken. Er konnte Begegnungen, er konnte Erfahrungen bei einem Gottesdienst, bei einem Konzert, in seinem Herzen bewahren und davon leben, mitten in der Kälte der Zeit. Seine Fähigkeit, heilsame Worte und Erfahrungen zu bewahren, gab eine Antwort auf die klagende Frage Hölderlins: „Weh mir, wo nehm ich, wenn es Winter ist, die Blumen, und wo den Sonnenschein?" Er bewahrte die Blumen seiner Gotteserfahrung auf, sodass sie auch in der unfruchtbaren Wüste brutaler Nazischergen blühen konnten. Und er bewahrte den Sonnenschein in seinem Herzen, sodass die Kälte verschlossener Menschen ihm nicht bedrohlich werden konnte.

Der Engel des Bewahrens möchte dich nicht in eine konservative Haltung führen, nicht in die Flucht vor der Gegenwart. Er möchte dich vielmehr anleiten, das Kostbare, das du erlebt hast, zu schützen und zu behüten, es wie einen kostbaren Schatz aufzubewahren, dass du ihn immer wieder bewundern kannst. Das gibt deinem Leben Tiefe und Reichtum. Du kannst auch Situationen bestehen, die nicht

so rosig aussehen. Du kannst auch durch Wüstenstrecken hindurchge-
hen, ohne zu verdursten. Wer nicht bewahren kann, der braucht immer neuen Trost, neue Nahrung, neue Erlebnisse, um sich überhaupt
am Leben zu spüren. Die Fähigkeit zu bewahren hält mich auch dort
lebendig, wo ich vom Leben abgeschnitten bin, in Situationen des
Scheiterns, in Situationen der Erstarrung. Ich wünsche dir, dass dich
der Engel des Bewahrens dazu befähigt, in jedem Augenblick intensiv
zu leben. Er möchte dir die Fähigkeit von Frederik schenken, von
dem eine Kindergeschichte erzählt, dass er im Sommer Sonnenstrah-
len und die Buntheit der Blumen in seinem Herzen sammelte, um im
Winter davon leben zu können.

5

Der Engel des Aufbruchs

E ist eine Ursehnsucht im Menschen, sich einmal gemütlich niederzulassen und sich für immer einzurichten, einmal geborgen
und daheim zu sein. Wo es dem Menschen gefällt, dort möchte er
seine Zelte aufschlagen und immer dort bleiben. Aber zugleich weiß
er auch, dass er sich hier in dieser Welt nicht für immer einrichten
kann. Er muss sich ständig von Neuem auf den Weg machen. Er muss
immer wieder aufbrechen. Er muss die Lager, die er aufgebaut und in
denen er sich wohnlich eingerichtet hat, abbrechen, um auf seinem
Weg weiterzukommen. Aufbruch setzt einen Abbruch voraus. Altes
muss abgebrochen werden. Es kann nicht immer so weitergehen. Ich
kann nicht immer dort bleiben, wo ich gerade bin.

Solange wir auf dem Weg sind, müssen wir immer wieder unsere
Zelte abbrechen, um in neues Land aufzubrechen. Jeder Aufbruch
macht zuerst einmal Angst. Denn Altes, Vertrautes muss abgebrochen werden. Und während ich abbreche, weiß ich noch nicht, was
auf mich zukommt. Das Unbekannte erzeugt in mir ein Gefühl von
Angst. Zugleich steckt im Aufbruch eine Verheißung, die Verheißung
von etwas Neuem, nie Dagewesenem, nie Gesehenem. Wer nicht immer wieder aufbricht, dessen Leben erstarrt. Was sich nicht wandelt,
wird alt und stickig. Neue Lebensmöglichkeiten wollen in uns aufbrechen. Sie können es aber nur, wenn alte Muster abgebrochen werden.

Wir wollen uns dort niederlassen, wo uns etwas anspricht und im Herzen berührt. Die Jünger auf dem Berg Tabor möchten am liebsten drei Hütten bauen, um sich für immer in der beglückenden Erfahrung der Verklärung niederzulassen. Aber Jesus geht darauf nicht ein. Schon im nächsten Augenblick wird das Taborlicht von einer dunklen Wolke abgelöst. Sie können die Erfahrung nicht festhalten, sie müssen wieder aufbrechen, sich auf den Weg ins Tal machen. Dort werden sie die Klarheit des Berges vermissen. Jede tiefe religiöse Erfahrung möchte uns dazu verführen, uns für immer einzurichten, uns an etwas festzuklammern, was wir nicht festhalten können. Gott lässt sich nicht festhalten. Er ist wesentlich der Gott des Exodus, des Aufbruchs, der Gott, der uns immer wieder ermahnt, aufzubrechen. Zu Mose spricht Er: „Was schreist du zu mir? Sag den Israeliten, sie sollen aufbrechen" (Ex 14,15). Die Israeliten haben Angst vor dem Aufbruch. Sie fühlen sich in Ägypten zwar unterdrückt und unfrei, aber sie haben sich arrangiert mit der Fremdherrschaft. Zumindest waren ihre Fleischtöpfe voll. Sie möchten ausziehen, aber zugleich haben sie Angst vor dem Aufbruch. In dieser Ambivalenz erfahren wir uns immer wieder. Wir sind nicht zufrieden mit dem, was wir gerade leben. Aber zugleich haben wir Angst, aufzubrechen, das Vertraute abzubrechen und einen inneren und äußeren Umbruch zu wagen. Aber das Leben werden wir nur erfahren, wenn wir bereit sind, uns immer wieder auf den Weg zu machen. Da brauchen wir wie die Israeliten einen Engel, der uns Mut macht zum Aufbruch, der seinen Stab über das Rote Meer unserer Angst hält, damit wir vertrauensvoll und sicher durch die Fluten unseres Lebens schreiten können.

Heute hat es der Engel des Aufbruchs besonders schwer. Die Grundstimmung unserer Zeit ist nicht die des Aufbruchs wie etwa in den Sechzigerjahren, als durch das Konzil zuerst in der Kirche und dann durch die Studentenrevolte in der Gesellschaft eine starke Aufbruchsstimmung herrschte. Heute ist es eher die Grundstimmung der Resignation, des Selbstmitleids, der Depressivität, der Wehleidigkeit.

Man bedauert sich lieber, dass alles so schwierig sei und dass man halt nichts machen könne.

So haben wir gerade heute den Engel des Aufbruchs nötig, der uns Hoffnung schenkt für unsere Zeit, der uns aufbrechen lässt zu neuen Ufern, der uns den Aufbruch wagen lässt, damit neue Möglichkeiten des Miteinanders, ein neuer Umgang mit der Schöpfung und neue Fantasie in der Politik und Wirtschaft aufblühen können. Und dazu gehört auch, dass du selber festgefügte Vorstellungen und erstarrte Bilder aufbrichst. Das Aufsprengen von inneren Blockaden, die Öffnung von Verschlossenheit, das Aufgeben von alten Gewohnheiten und Besitzständen: Das alles eröffnet uns die Möglichkeit, zu neuen Lebensweisen und Lebensabschnitten aufzubrechen.

Oftmals wirst du zögern, weil du nicht weißt, wohin der Weg dich führen wird. Dann mag wohl der Engel des Aufbruchs dir zur Seite stehen und dir Mut für deinen eigenen Weg zusprechen:

> *Denn Engel wohnen nebenan,*
> *Wohin wir immer zieh'n –*

Emily Dickinson

6

Der Engel der Gemeinschaft

Wir leben alle irgendwie in Gemeinschaft, in der Gemeinschaft der Familie, in der Gemeinschaft der Kirche, in der Gemeinschaft des Dorfes oder der bürgerlichen Gemeinde. Was soll da der Engel der Gemeinschaft? Die Gemeinschaft, in der wir leben, ist immer auch gefährdet. Sie kann zerbrechen, wenn wir nicht gut miteinander kommunizieren, wenn jeder nur auf sich schaut, wenn jeder sich hinter seinem Vorurteil verschanzt. Der Engel der Gemeinschaft möchte dir helfen, das Geschenk echter Gemeinschaft zu erfahren.

Ein Blick in unsere eigene Geschichte ist aufschlussreich: Für die ersten Christen war die Erfahrung, dass Gemeinschaft zwischen Juden und Heiden, zwischen Männern und Frauen, zwischen Armen und Reichen möglich war, ein Beweis, dass das Reich Gottes gekommen ist. Jesus Christus hat mit seiner Person und mit dem Geist, den er uns geschenkt hat, Menschen, die so verschieden waren wie seine Apostel, miteinander zu einer Gemeinschaft verbunden. Die Gemeinschaft war für die frühen Christen Ort der Gotteserfahrung. Und das kann sie für uns heute auch immer wieder werden. Da kann eine Gemeinschaft von betenden Menschen im Gottesdienst oder in einer Gebetsgruppe zu einer intensiven Gotteserfahrung werden. Da spüren wir auf einmal, dass wir nicht allein sind, dass Gott unter uns ist. Jesus selbst hat uns verheißen: „Wo zwei oder drei in meinem Namen beisammen sind, da bin ich mitten unter ihnen."

Oder wir sprechen mit einem Freund oder einer Freundin und spüren auf einmal eine Dichte und Intensität, dass der Himmel sich über uns öffnet und unser Herz weit wird. Wenn so eine dichte Stille auf einmal entsteht, sagt man nicht von ungefähr: „Ein Engel geht durchs Zimmer." Da schafft der Engel der Gemeinschaft eine neue Qualität von Miteinander.

Aber wir kennen auch die andere Erfahrung, dass die Gemeinschaft zur Last werden kann. Da bemühen wir uns, miteinander auszukommen. Aber es gelingt nicht, wir reiben uns wund aneinander. Wenn ein Konflikt bereinigt ist, bricht schon der nächste auf. Wir fühlen uns ohnmächtig, das Ideal der Gemeinschaft zu leben, mit dem wir angetreten sind. Wir sind enttäuscht, und wir halten uns für unfähig, wirklich miteinander zu einer lebendigen Gemeinschaft zusammenzuwachsen. Aber auch eine solche verletzende Erfahrung kann zum Ort der Gottesbegegnung werden. Sie kann dich auf die Gemeinschaft der Engel verweisen, in der du wahrhaft daheim bist. Denn da kannst du sein, wie du bist. Da nörgelt keiner an dir herum. Da projiziert keiner seine Probleme auf dich. Du brauchst den Engel der Gemeinschaft, der dir in noch so verfahrenen Situationen zeigt, dass es noch eine tiefere Gemeinschaft gibt, dass du eingetaucht bist in die Gemeinschaft der Engel. Da spürst du dann, dass das Ideal, das du dir von einer christlichen Gemeinschaft gemacht hast, nicht aus eigener Kraft erfüllbar ist. Damit du überhaupt in dieser Gemeinschaft leben kannst, in der es so viele Konflikte und Intrigen, so viel menschliche Schwäche und Falschheit gibt, musst du einen tieferen Grund in dir haben, einen Grund jenseits von dir. Die Gemeinschaft wird nie deine Sehnsucht nach Heimat und Geborgenheit erfüllen können. Sie verweist dich mit deiner Sehnsucht auf Gott.

Eine chassidische Geschichte zeigt uns, dass wir nur dann das eigene Leben leben können, wenn wir bereit sind, es mit anderen Menschen zu teilen. Da sagt ein Rabbi: „Jeder Mensch ist berufen, etwas in der Welt zur Vollendung zu bringen. Eines jeden bedarf die Welt. Aber es gibt Menschen, die sitzen beständig in ihren Kammern eingeschlossen und lernen und treten nicht aus dem Haus, sich mit andern zu unterreden. Deswegen werden sie böse genannt. Denn wenn sie sich mit den andern unterredeten, würden sie etwas von dem ihnen Zugewiesenen zur Vollendung bringen. Dies bedeutet es: sei nicht böse vor dir selber, gemeint ist damit: dass du vor dir selber verweilst und nicht zu den Menschen ausgehst. Sei nicht böse durch Einsamkeit." Es gibt eine gute Einsamkeit, die uns zur Gemeinschaft befähigt. Aber es gibt auch eine böse Einsamkeit, die uns isoliert. In ihr verschließen wir uns und leisten so nicht den Beitrag, den die menschliche Gemeinschaft von uns erwartet, dass wir auf unsere ganz persönliche Weise das Miteinander befruchten und auf unsere einmalige Weise etwas von Gottes Fülle in dieser Welt zur Erscheinung bringen.

Wenn du die Gemeinschaft von Menschen als Zeichen siehst für die Gemeinschaft, die Gott dir schenken möchte, dann kannst du sie genießen. Dann wirst du immer wieder dankbar sein für die Erfahrung von Angenommensein. Du weißt, wo du hingehörst. Du kannst dort sein, wie du bist. Du musst dich nicht beweisen. Du musst nicht immer Erwartungen erfüllen. Du kannst dich fallen lassen. Du darfst auch einmal schwach sein. Gerade das ist ein Zeichen von christlicher Gemeinschaft, dass wir auch unsere Schwäche, unsere Wunden zeigen dürfen. Henri Nouwen meinte einmal: Alles, was wir der Gemeinschaft vorenthalten, wird ihr an Lebendigkeit fehlen. Wenn wir ihr unsere Schwäche vorenthalten, weil wir sie lieber verbergen möchten, dann kann an einer wichtigen Stelle die Gemeinschaft nicht aufblühen.

Gemeinschaft heißt, dass wir alles miteinander teilen, unsere Stärken und unsere Schwächen. Aber es muss immer auch noch Raum sein für das eigene Geheimnis. Nur wenn jeder auch für sich sein kann und darf, kann Gemeinschaft entstehen. Manche christlichen Gemeinschaften überfordern ihre Mitglieder, weil sie alles von ihnen haben wollen, nicht nur das Geld, sondern alle Gedanken und Gefühle. Dann wird die Grenze zum Totalitären hin oft überschritten. Gemeinschaft braucht den Atem der Weite und Freiheit. Einsamkeit und Gemeinschaft müssen in einer gesunden Spannung stehen. Wenn die Gemeinschaft verabsolutiert wird, können wir vor lauter Enge kaum mehr atmen. Nur wenn jeder in der Gemeinschaft auch seinen ganz persönlichen inneren Weg gehen kann, wird die Gemeinschaft fruchtbar sein. Sie wird uns herausfordern, uns weiter auf den Weg zu machen. Sie wird uns unsere blinden Flecken aufdecken, damit wir den Weg der Wahrheit gehen. Und auf diesem Weg der Wahrheit kommen wir zu neuen Einsichten über uns selbst und unsere Mitmenschen. Der Engel der Gemeinschaft möge dir immer wieder die Erfahrung solch beglückenden und herausfordernden Miteinanders schenken.

7

Der Engel der Gelassenheit

Nichts haben, alles besitzen", so lässt sich die Haltung von Weisen aus allen Religionen, zu allen Zeiten beschreiben. Nur wer sein Herz an nichts Geschaffenes hängt, wer loslassen kann, woran andere hängen, der ist wirklich frei. Gelassenheit war für die Mystiker des Mittelalters ein wichtiges Wort. Vor allem Meister Ekkehart spricht immer wieder von der Gelassenheit. Gelassen ist ein Mensch, der sein Ego losgelassen und sich in Gott hinein ergeben hat, der ruhig geworden ist in seinem Herzen, weil er sich in den göttlichen Grund hinein hat fallen lassen. Gelassenheit meint in der Mystik die Befreiung des Menschen von seinem eigenen Ich, das Leerwerden von allen Sorgen und Ängsten um sich selbst, damit Gott in unserem Herzen geboren werden kann, damit wir in unserem Innersten unser wahres Wesen erkennen, den unverfälschten Personkern. Gelassenheit als Haltung innerer Freiheit, innerer Ruhe, als gesunde Distanz zu dem, was von außen auf mich einströmt, was mich zu „besetzen" und in Besitz zu nehmen droht, das ist nicht einfach eine Charakterhaltung. Sie kann auch eingeübt werden. Um zur Gelassenheit zu gelangen, muss ich vieles lassen.

Da ist erst einmal die Welt, die ich lassen soll. So sagen die Mystiker. Antonios, der Mönchsvater, hat zuerst seinen ganzen Besitz gelassen, damit er frei würde für das Leben. Der Mensch soll das Hängen am Eigentum, am Erfolg, an der Anerkennung lassen. Denn wer an etwas Irdischem hängt, der wird abhängig. Und Abhängigkeit widerspricht der menschlichen Würde. Wir sind oft genug abhängig von unserem Wohlstand, von Gewohnheiten, von Menschen. In einem Väterspruch erzählt uns ein Altvater in einem Bild, dass wir nur durch Loslassen genießen können. Ein Kind sieht in einem Glaskrug viele Nüsse. Es greift hinein und möchte möglichst viele herausholen. Aber die geballte Faust geht nicht mehr durch die enge Öffnung des Kruges. Du musst die Nüsse erst loslassen. Dann kannst du sie einzeln herausnehmen und genießen.

Lassen ist keine asketische Leistung, die wir uns mühsam abringen müssen. Vielmehr kommt sie aus der Sehnsucht nach innerer Freiheit und aus der Ahnung, dass unser Leben erst dann wirklich fruchtbar wird, wenn wir unabhängig und frei sind. Wenn wir nicht mehr abhängig sind von dem, was andere von uns denken und erwarten, wenn wir nicht mehr abhängig sind von der Anerkennung und Zuwendung von Menschen, dann kommen wir in Berührung mit unserem wahren Selbst.

Die Gelassenheit fordert aber auch ein Lassen von mir selbst. Ich soll mich selbst nicht festhalten, weder meine Sorgen noch meine Ängste noch meine depressiven Gefühle. Viele Menschen klammern sich an ihren Verletzungen fest. Sie können sie nicht lassen. Sie benutzen sie als Anklage gegen die Menschen, die sie verletzt haben. Aber damit verweigern sie letztlich das Leben. Wir sollen auch unsere Verletzungen und Kränkungen lassen. Du brauchst den Engel der Gelassenheit, der dich einführt in die Kunst, dich und deine Vergangenheit zu lassen, der dich unterweist in der Fähigkeit, dich von dir selbst zu distanzieren, zurückzutreten und dein Leben von einem anderen Standpunkt aus, von einem Stand jenseits deiner selbst, anzuschauen. Wer sich so gelassen hat, der kann gelassen reagieren auf die aufgeregten Berichte der Medien. Der kann gelassen antworten auf Kritik und Ablehnung. Er gerät nicht in Panik bei jeder Kritik.

Er fühlt sich nicht bedroht. Er hat keine Angst, dass ihm der Boden unter den Füßen weggezogen wird. Denn er hat Distanz gewonnen zu all dem inneren und äußeren Trubel. Er weiß sich gehalten vom Engel der Gelassenheit, der zu ihm sagt: „Es gibt mehr als die Meinung, die andere von dir haben. Es gibt mehr als Erfolg und Image. Lass dich in Gott hinein los. Da findest du einen festen Grund. Von dem aus kannst du gelassen auf alles schauen, was auf dich einströmt."

Wer sich selbst gelassen hat, der kann auch gelassen auf schlimme Nachrichten reagieren. Gelassen zu reagieren ist etwas anderes, als die Botschaft vom Tod eines Menschen gefasst aufzunehmen. Gefasst zu sein ist Ausdruck einer inneren Disziplin. Obwohl der gefasste Mensch innerlich erschüttert ist, zeigt er seine Betroffenheit nicht nach außen. Er bewahrt die Haltung, er beherrscht sich selbst. Gelassenheit ist nicht Selbstbeherrschung. Der Gelassene braucht nicht Haltung zu bewahren, weil er einen anderen Standpunkt hat, weil er von schlimmen Nachrichten gar nicht im Innersten getroffen wird. Weil er sich und seine Auffassung, wie sein Leben ablaufen sollte, gelassen hat, kann ihn nichts so leicht aus der Bahn werfen. Der Engel der Gelassenheit hilft ihm, alles, was er hört, aus der Distanz des Engels heraus zu betrachten. Das gibt ihm innere Freiheit und Weite.

Manch einer verbeißt sich in einer hitzigen Diskussion. Er meint, er sei es seinem Gewissen schuldig, dass er die Wahrheit vertritt. Der Engel der Gelassenheit zeigt dir in solchen Diskussionen, dass die Wahrheit nicht in der Richtigkeit der Worte und der Argumente liegt, sondern auf einer anderen Ebene. Wahrheit meint Stimmigkeit, Übereinstimmung mit der Wirklichkeit. Das, was wir für absolut wahr halten, ist oft nur Ausdruck unserer eigenen Projektionen. Wir machen uns Bilder von der Wahrheit, wir machen uns Bilder von Gott. Die Wahrheit selbst ist unbegreiflich. Sie lässt sich nicht definieren. Wer um die tiefste Wahrheit weiß, der geht gelassen in die Diskussion, nicht resignierend, weil wir die Wahrheit doch nicht erkennen können, sondern im Wissen darum, dass unsere Erkenntnis immer relativ ist, dass es immer verschiedene Standpunkte geben kann, dass die Wahrheit wohl in der Mitte der streitenden Parteien liegen wird.

Gegen das rechnende und vereinnahmend-rechthaberische Denken hat der Philosoph Martin Heidegger die Gelassenheit zu den Dingen und die Offenheit für das Geheimnis gesetzt: „Beide gedeihen nur aus einem unablässigen herzhaften Denken."

Ich wünsche dir, dass der Engel der Gelassenheit dir hilft, in deinem Denken nicht allzu kopflastig zu sein und auch auf dein Herz zu hören.

8

Der Engel der Leidenschaft

Der Engel der Leidenschaft scheint dem Engel der Gelassenheit zu widersprechen. Aber wir brauchen viele Engel, um in uns das Leben zur Blüte zu bringen. Der Engel der Leidenschaft möchte uns herausfordern, mit der ganzen Kraft unseres Herzens zu leben, nicht nur so auf Sparflamme dahinzuexistieren. Wenn ein Mensch keiner großen Leidenschaft mehr fähig ist, dann wird sein Leben langweilig und fad. Es verliert den Geschmack. Das ist sicher nicht im Sinne Jesu, der uns aufgefordert hat, Salz für die Erde zu sein, diese Welt mit unserer Lebendigkeit zu würzen. Leidenschaften sind natürliche Antriebskräfte im Menschen, die ihn zum Leben antreiben möchten und die ihn letztlich auf Gott hin treiben sollen. Der Engel der Leidenschaft soll uns die Kunst lehren, mit diesen Antriebskräften so umzugehen, dass sie Antreiber zum Leben werden, dass wir von ihnen nicht beherrscht werden, sondern dass wir sie einsetzen können für das eigentliche Ziel unseres Lebens. Wir sollen nicht zu Trieb- menschen, zu getriebenen Menschen werden, die sich einfach treiben lassen, sondern zu Menschen, die die Leidenschaften antreiben, dem Leben zu dienen und das Leben in seiner Vielfältigkeit auszuformen.

Wer sich leidenschaftlich auf etwas einlassen kann, der kann auch leidenschaftlich für das Leben kämpfen, bei dem wird auch seine Spi- ritualität leidenschaftlich sein. Das zeigt eine chassidische Geschichte:

„Ein Chassid verklagte einst vor Rabbi Wolf einige Leute, dass sie ihre Nächte beim Kartenspiel zu Tagen machten. ‚Das ist gut', sagte der Zaddik. ‚Wie alle Menschen wollen auch sie Gott dienen und wissen nicht wie. Aber nun lernen sie sich wach halten und bei einem Werk ausharren. Wenn sie darin die Vollendung erlangen, brauchen sie nur noch umzukehren – und was für Gottesdiener werden sie dann geben!'"

Die frühen Mönche haben sich viele Gedanken gemacht über die Leidenschaften. Evagrius Ponticus († 399) zählt neun Leidenschaften auf, mit denen der Mönch kämpfen muss. Für ihn sind die Leidenschaften positive Kräfte. Es geht nicht darum, sie abzuschneiden, sondern sie in sein Leben zu integrieren. Die Leidenschaften sollen uns dienen, nicht wir den Leidenschaften. Die *apatheia*, die das Ziel des Kampfes mit den Leidenschaften ist, meint nicht einen leidenschaftslosen Zustand, sondern die Freiheit vom pathologischen Verhaftetsein an die Leidenschaften, die Integration der Leidenschaften in alles, was ich tue und denke, einen Zustand, in dem mich die Leidenschaften nicht mehr beherrschen, sondern in dem sie mir zur Verfügung stehen als Kraft, als *virtus*, als Tugend, die dazu taugt, mich lebendig zu machen.

Die Leidenschaften sind wertfrei. Ob sie gut oder böse werden, hängt davon ab, wie ich damit umgehe. Der Zorn ist eine positive Kraft, die mich dazu befähigen möchte, mich abzugrenzen, mich zu befreien von der Macht anderer. Aber er kann mich auch zerfressen, wenn ich mich von ihm bestimmen lasse. Die Sexualität kann mich lebendig machen, aber sie kann mich auch besetzen. Weder Unterdrücken noch Ausleben von Leidenschaften führt zur Lebendigkeit, sondern der bewusste Umgang mit ihnen. Wer ohne Leidenschaft lebt, dem fehlt der Biss, dem fehlt die Kraft, dem fehlt die Fülle des Lebens. Viele Christen haben vor lauter Streben nach Korrektheit ihre Leidenschaften abgetötet. So sind sie langweilig geworden. Sie sind nicht mehr das Salz der Erde, nicht mehr die Würze für unsere Welt, sondern ein fader Geschmack, für den sich keiner mehr interessiert. Jesus hat sich leidenschaftlich eingesetzt für die Armen und die Entrechteten. Er hat leidenschaftlich vom barmherzigen Vater gesprochen und voller Leidenschaft gegen die Herzenshärte der Pharisäer angekämpft, die das Bild Gottes durch ihre kleinliche Gesetzlichkeit verdunkelt hatten.

Das deutsche Wort Leidenschaft kommt von leiden. Und das bedeutete früher: gehen, fahren, reisen. Wer fährt, der macht Erfahrung, der macht etwas durch, der erleidet etwas. Und so nahm das Wort leiden immer mehr die Bedeutung an von: dulden, Schmerz empfinden. Die Leidenschaft hat also mit Erfahrung zu tun. Wer sie abschneidet, verliert an Erfahrung. Wer sich auf sie einlässt, der wird erfahren, der erlebt Neues und Ungeahntes. Aber wie jede Reise auch beschwerlich sein kann, so auch der Umgang mit den Leidenschaften. Es ist immer eine Gratwanderung. Und allzu leicht kann eine Leidenschaft stärker werden, als sie uns guttut. Dann bestimmt sie uns, anstatt dass wir mit Leidenschaft das Leben angehen. Der Engel der Leidenschaft möge dich auf deiner Gratwanderung begleiten, damit du wahrhaft ein leidenschaftlicher Mensch werden kannst, ein Mensch, der sich voller Leidenschaft auf andere Menschen einlässt, der leidenschaftlich dafür kämpft, dass ein menschenwürdiges Zusammenleben hier auf Erden möglich wird.

9
Der Engel der Wahrhaftigkeit

Wahrhaftig nennen wir einen Menschen, der in sich echt und stimmig ist. Jesus sagt von Natanael: „Da kommt ein echter Israelit, ein Mann ohne Falschheit" (Jo 1,47). Er lebt nicht aus Berechnung heraus, sondern aus seiner inneren Wahrheit. Er ist frei von Intrigen, von Diplomatie, von Überlegungen, wie er sich bei andern besser verkaufen könnte. Er lebt in Übereinstimmung mit sich selbst. Er ist echt. Er sagt, was er denkt. Er handelt, wie er es in seinem Herzen fühlt. Man weiß bei einem solchen Menschen immer, woran man ist. Er verbirgt uns nicht seine Gedanken und Gefühle. Er hat keine Angst, dass wir ihn erkennen. Er gibt sich so, wie er ist, weil er zu allem steht, was in ihm ist. Er verbirgt nichts, weil er nichts zu verbergen hat, weil alles in ihm sein darf.

Der wahrhaftige Mensch ist immer auch frei. Denn allein die Wahrheit wird uns frei machen. Es gibt heute so viele Menschen, die ihrer eigenen Wahrheit aus dem Weg gehen. Sie haben Angst, sich der Wirklichkeit ihres Herzens zu stellen. Sie geraten in Panik, wenn sie einmal still sein sollen. Denn da könnte ja in ihnen etwas auftauchen, was ihnen unangenehm ist. So müssen sie sich ständig beschäftigen, nur um der eigenen Wahrheit aus dem Weg zu gehen. Sie sind ständig getrieben und gehetzt. Das Schlimmste, das ihnen passieren kann, ist ein Augenblick, in dem nichts los ist, in dem die eigene Wahrheit ans Licht kommen könnte. Wer der eigenen Wahrheit ausweicht, der braucht viel Energie, um seine Wahrheit vor andern zu verbergen. Er überlegt ständig, was die andern von ihm denken könnten. So zergrübelt er sich den Kopf darüber, was er sagen soll, damit es bei den andern gut ankommt, damit sich die andern keine Gedanken machen über seine psychische Struktur, über seine verdrängten Triebe, über seine Komplexe. Jedes Wort müssen sie ängstlich hinterfragen, ob es nicht ein Hinweis sein könnte auf einen neurotischen Komplex oder auf den verdrängten Schatten.

Im Griechischen heißt Wahrheit *aletheia*, das meint Unverborgenheit des Seins. Der Schleier wird weggezogen, und wir sehen das Eigentliche, das Wirkliche, das Sein. Wer wahrhaftig lebt, der verbirgt nichts, bei dem tritt sein wahres Sein offen hervor. Der Engel der Wahrhaftigkeit will dir immer wieder die Augen öffnen für deine eigentliche Wirklichkeit. Der Engel nimmt den Schleier weg, der über allem liegt. Und er befreit dich von der Brille, mit der du alles siehst. Vielleicht hast du eine dunkle Brille auf, die alles verfälscht. Du siehst nur das Negative. Oder du trägst eine rosarote Brille. Du willst die Menschen und ihre Probleme nicht sehen. Du machst dir etwas vor, damit du bequemer leben kannst. Der Engel der Wahrhaftigkeit nimmt dir alle Brillen weg, die dir die Wirklichkeit verstellen. Der Engel zeigt dir das Eigentliche. „Wenn Gott seinen Engel zur Seele sendet, so wird sie wahrhaft erkennend", schreibt Meister Ekkehart.

Ein wahrhaftiger Mensch zwingt uns, uns der Wahrheit des eigenen Herzens zu stellen. In der Nähe eines wahrhaftigen Menschen können wir uns nicht verstecken. Aber wir brauchen uns auch nicht mehr zu verstecken, wir finden den Mut, unsere eigene Wahrheit zu zeigen. Wenn Jesus gesprochen hat, dann konnten sich die unreinen Geister, die trüben Gedanken, die den Geist des Menschen trüben, die ihn mit giftigen Gefühlen verunreinigen, nicht verstecken. Sie wurden durch das Wort Jesu ans Licht gezerrt. So schildert es uns

Markus. Als Jesus zum ersten Mal in der Synagoge predigt, da schreit der unreine Geist eines Mannes laut auf.

Er spürt, dass er sich nicht mehr verbergen kann hinter kritischen und ironischen Äußerungen. Er muss sich der Wahrheit stellen. Und das heißt für ihn: Er muss ausfahren aus dem Mann, er muss ihn wieder freilassen (vgl. Mk 1,23 ff.). Die Wahrhaftigkeit Jesu befreit die Menschen von unreinen Geistern, die die Wahrheit verstellen und verfälschen. Sie werden geheilt, sie werden zu echten, wahrhaftigen Menschen.

Ich wünsche dir den Engel der Wahrhaftigkeit, damit du ganz so sein kannst, wie du im Grunde deines Wesens bist, dass du die Menschen um dich herum zur Wahrheit befreien kannst. Wahrheit heißt auch: Übereinstimmung von Gegenstand und Erkenntnis, von Sache und Vernunft. Ich wünsche dir, dass du ganz und gar übereinstimmst mit dir und mit der Wirklichkeit deines Lebens.

10

Der Engel der
Dankbarkeit

Dankbarkeit ist heute selten geworden. Die Menschen haben unermessliche Ansprüche. Sie haben den Eindruck, sie würden zu kurz kommen. Daher brauchen sie immer mehr. Sie sind unersättlich geworden und können daher nichts mehr genießen. Pascal Bruckner, der französische Philosoph, beschreibt den heutigen Menschen als Riesenbaby mit unermesslichen Ansprüchen an die Gesellschaft. Er kann nie genug bekommen. Und immer sind die andern schuld, wenn es ihm nicht gut geht. Denn sie geben ihm nicht, was er doch unbedingt zum Leben braucht.

Der Engel der Dankbarkeit möchte einen neuen Geschmack in dein Leben bringen. Er möchte dich lehren, alles mit neuen Augen anzuschauen, mit den Augen der Dankbarkeit. Dann kannst du mit einem dankbaren Blick auf den neuen Morgen schauen, dass du gesund aufstehen kannst und dass du die Sonne aufgehen siehst. Du bist dankbar für den Atem, der dich durchströmt. Du bist dankbar für die guten Gaben der Natur, die du beim Frühstück genießen kannst. Du lebst bewusster. Dankbarkeit macht dein Herz weit und froh. Du bist nicht fixiert auf Dinge, die dich ärgern könnten. Du fängst den Morgen nicht gleich mit dem Ärger über das miese Wetter an. Du bist nicht gleich frustriert, weil die Milch überkocht. Es gibt ja Menschen, die sich das Leben selbst schwer machen, weil sie nur das Negative sehen. Und je mehr sie das Negative sehen, desto mehr werden sie durch ihr Erleben bestätigt. Sie ziehen kleine Unglücksfälle durch ihre pessimistische Sichtweise geradezu an.

Danken kommt von denken. Der Engel der Dankbarkeit möchte dich lehren, richtig und bewusst zu denken. Wenn du zu denken anfängst, kannst du dankbar erkennen, was dir in deinem Leben alles gegeben wurde. Du wirst dankbar sein für deine Eltern, die dir das Leben gegeben haben. Du wirst nicht nur dankbar sein für die positiven Wurzeln, die du in deinen Eltern hast, sondern auch für die Wunden und Verletzungen, die du von ihnen bekommen hast. Denn auch sie haben dich zu dem geformt, der du jetzt bist. Ohne die Wunden wärst du vielleicht satt und unempfindlich geworden. Du würdest den Menschen neben dir in seiner Not übersehen. Der Engel der Dankbarkeit möchte dir die Augen dafür öffnen, dass dich dein ganzes Leben hindurch ein Engel Gottes begleitet hat, dass dich ein Schutzengel vor manchem Unglück bewahrt hat, dass dein Schutzengel auch die Verletzungen in einen kostbaren Schatz verwandelt hat.

Der Engel der Dankbarkeit schenkt dir neue Augen, um die Schönheit in der Schöpfung bewusst wahrzunehmen und dankbar zu genießen, die Schönheit der Wiesen und Wälder, die Schönheit der Berge und Täler, die Schönheit des Meeres, der Flüsse und Seen. Du wirst die Grazie der Gazelle bewundern und die Anmut eines Rehes. Du wirst nicht mehr unbewusst durch die Schöpfung gehen, sondern denkend und dankend. Du wirst wahrnehmen, dass dich in der Schöpfung der liebende Gott berührt und dir zeigen möchte, wie verschwenderisch er für dich sorgt.

Wer dankbar auf sein Leben blickt, der wird einverstanden sein mit dem, was ihm widerfahren ist. Er hört auf, gegen sich und sein Schicksal zu rebellieren. Er wird erkennen, dass täglich neu ein Engel in sein Leben tritt, um ihn vor Unheil zu schützen und ihm seine liebende und heilende Nähe zu vermitteln. Versuche es, mit dem Engel der Dankbarkeit durch die kommende Woche zu gehen. Du wirst sehen, wie du alles in einem anderen Licht erkennst, wie dein Leben einen neuen Geschmack bekommt.

Du kannst deinen Engel der Dankbarkeit auch bitten, dass er dich lehrt, für die Menschen zu danken, mit denen du zusammenlebst. Wir beten oft nur für die Menschen, die uns wichtig sind, wenn wir sie ändern möchten oder wenn wir wünschen, dass Gott ihnen hilft, dass Gott sie heilt und tröstet. Manchmal ist unser Gebet für die andern eher ein Gebet gegen sie. Wir möchten, dass sie so werden, wie wir sie gerne haben möchten. Wenn wir für einen andern Menschen danken, dann nehmen wir ihn bedingungslos an. Er muss sich nicht ändern. Er ist so, wie er ist, wertvoll. Oft merken es die Menschen, wenn wir für sie danken. Denn von unserem Danken geht eine positive Bejahung aus, in der sie sich vorurteilslos angenommen fühlen. Ein amerikanischer Geistlicher berichtet von einem Ehepaar, das jahrelang für den alkoholkranken Vater der Frau gebetet hat, damit er endlich von seinem Alkohol loskäme. Und sie haben zahlreiche Gebetsgruppen um ihre Fürbitte gebeten. Aber alles war umsonst. Erst als sie den Mut aufbrachten, für den Vater zu danken, dass er da ist, dass er so ist, wie er ist, ermöglichten sie ihm, dass er sich ändern konnte. Weil er nicht mehr den unbewussten Anspruch an sich spürte, sich ändern zu müssen, konnte er sich ändern. Weil er sich bedingungslos bejaht fühlte, brauchte er den Alkohol nicht mehr. So bitte Deinen Engel der Dankbarkeit um das Wunder, dass Menschen sich durch Deinen Dank bedingungslos geliebt fühlen und so in dieser Liebe heil werden.

11
Der Engel des Verzichts

Der Engel des Verzichtes hat es heute schwer. Denn viele verbinden mit dem Wort Verzicht eine finstere Askese. Gott will doch, dass wir das Leben in Fülle haben. Warum also verzichten? Heute geht es doch darum, möglichst viel zu konsumieren, sich möglichst viel zu gönnen. Wir haben genügend Beispiele von Menschen, die vor lauter Verzichten ungenießbar geworden sind. Aber muss der Verzicht unbedingt in eine lebensfeindliche Haltung führen? Verzichten meint eigentlich, einen Anspruch aufgeben auf ein Ding, das mir zusteht. Das Ziel des Verzichtens ist die innere Freiheit. Wer alles haben muss, was er sieht, ist total abhängig. Er ist nicht frei. Er lässt sich von außen bestimmen.

Verzichten ist Ausdruck der inneren Freiheit. Wenn ich auf etwas verzichten kann, das mir sonst Spaß macht, dann bin ich innerlich frei. Verzichten kann aber auch ein Weg der Einübung in die innere Freiheit sein. Wenn ich z. B. in der Fastenzeit auf Alkohol und Fleisch verzichte, dann kann ich mich durch so einen Verzicht in die Freiheit hinein trainieren. Ich probiere einmal, ob es mir gelingt, sechs Wochen lang auf Fernsehen, auf Alkohol, auf Rauchen, auf Fleisch, vielleicht auch auf Kaffee zu verzichten. Wenn es mir gelingt, fühle ich mich wohl. Ich habe dann das Gefühl, dass ich nicht einfach Sklave meiner Gewohnheiten bin, dass ich nicht unbedingt Alkohol brauche, um mich zu stimulieren. Das gibt ein Gefühl der inneren Freiheit. Und die gehört zu unserer Würde. Wenn ich den Eindruck habe, dass ich immer sofort Kaffee brauche, wenn ich müde bin, dann werde ich davon abhängig. Und das ärgert mich letztlich. Das nimmt mir meine Würde als Mensch, der über sich selbst bestimmen kann. Ich spüre, dass ich dann nicht mehr über mich bestimmen kann, dass vielmehr meine Bedürfnisse mich beherrschen.

In einer Fernsehsendung „Verzichten oder Genießen oder beides?" wurde neben einem Genussforscher und einer Sexualforscherin auch ich als Mönch danach gefragt, wie denn das sei mit dem Genießen und Verzichten. Alle drei waren wir uns einig, dass es kein Genießen ohne Verzichten gibt. Wer nur genießen möchte, dem wird es nicht gelingen. Ich kann ein oder zwei Stück Torte in aller Ruhe genießen. Aber spätestens beim vierten Stück ist es kein Genuss mehr, sondern nur noch ein Hineinschlingen. Viele Menschen sind heute unfähig geworden zu genießen, weil sie nicht mehr verzichten können. Früher war es eher umgekehrt. Da haben sich Christen durch eine zu asketische Lebensweise am Genießen gehindert. Da war für sie Genießen immer schon etwas Suspektes. Das war genauso einseitig wie die heutige Sicht, in der man alles haben muss. Der Gierige wird unfähig zu genießen.

Ich wünsche dir, dass dich der Engel des Verzichtes in die innere Freiheit führt, dass er dich dazu befähigt, das, was du erlebst, wirklich zu genießen, dich ganz auf das einzulassen, was du gerade tust, mit allen Sinnen zu fühlen, was du gerade isst, was du gerade trinkst. Du wirst spüren, dass der Engel des Verzichtes zugleich ein Engel der Freude und des Genusses ist, der dir guttun wird. Wenn du im Verzicht einen Anspruch auf die dir zustehenden Dinge wie Essen, Trinken, Fernsehen usw. aufgibst, gewinnst du dich selbst. Du nimmst dein Leben selbst in die Hand. Der Engel des Verzichtes möchte dich in die Kunst einführen, dein Leben selbst zu leben, frei über dich zu verfügen und so Lust an deinem Leben zu haben.

12
Der Engel des Risikos

Viele meinen heute, das Wichtigste wäre, nicht aufzufallen, keinen Fehler zu machen. Dann ist die berufliche Karriere nicht gefährdet. Dann wird man in der Gruppe nicht kritisiert. Dann muss man auf seinem Posten nicht zurücktreten. Dann wird das Leben gelingen. Aber diese risikofeindliche Haltung verhindert in Wirklichkeit das Leben. Wer absolut keinen Fehler machen will, der macht alles falsch. Denn er wagt nichts, er geht kein Risiko ein. Und so kann auch nichts Neues entstehen. Sowohl in der Wirtschaft wie in der Politik, in der Kirche wie in der Gesellschaft wagt keiner mehr ein Risiko. Denn damit wird er angreifbar. Es kann ja auch schiefgehen. Und das wäre die Katastrophe. Da würde man ja aus seinem sanften Ruhekissen emporgerissen und müsste vor aller Öffentlichkeit zu sich und seinen Fehlern stehen. Viele haben Angst, dass sie das nicht überleben würden. Sie sind so fixiert auf die Anerkennung und Zuwendung der Menschen, dass sie dem eigenen Gespür nicht mehr trauen und nichts mehr riskieren.

Die Psychologie sagt uns, dass der mangelnde Mut zum Risiko mit der Vaterlosigkeit zu tun hat, die unsere Gesellschaft prägt. Der Vater ist normalerweise der, der einem das Rückgrat stärkt, der einem Mut macht, etwas zu wagen, ein Risiko einzugehen. Wenn diese positive Vatererfahrung fehlt, wenn einem kein Vater das Rückgrat stärkt, dann braucht man einen Rückgratersatz. Das ist dann die Ideologie, die feste Norm, hinter der man sich verschanzt. Dann geht man auf Nummer sicher. Man will keine Experimente machen. Alles soll beim

Alten bleiben. Man erlaubt sich nicht, Neues zu denken, geschweige denn, Neues zu tun. Es gibt ja keine Garantie, dass das Neue gelingt. Also unterlässt man es. Unsere Zeit ist durch Fantasielosigkeit geprägt und durch den mangelnden Mut, etwas zu riskieren. Risiko kommt aus dem Italienischen und meint Gefahr und Wagnis. Viele haben den Anspruch, das Leben müsste ohne Gefahr verlaufen. Man müsse sich gegen alle Gefahren versichern, damit einem ja nichts passieren könne. Aber je mehr man sich absichert, desto unsicherer wird man. Und allmählich traut man sich nichts mehr zu. Alles muss versichert sein. Ohne ausreichende Sicherheit kein Wagnis. Das führt immer mehr zur Erstarrung, wie es die politische und wirtschaftliche Situation heute deutlich genug zeigt. Wir kommen aus dieser Sackgasse nur heraus, wenn wir etwas wagen, wenn wir auch einen Fehler riskieren.

Ich wünsche dir, dass dich der Engel des Risikos ermutigt, dein Leben zu wagen und neue Wege für dich und für die Menschen in deiner Umgebung zu riskieren. Der Engel des Risikos möge dir dein Rückgrat stärken und dir den Rücken frei halten, damit du frei bist, dich selbst zu wagen und deinen inneren Impulsen zu trauen, ohne dich nach allen Seiten absichern zu müssen. Die Welt wird dir dankbar sein, wenn du etwas Neues wagst, wenn du nicht erst die ganze Welt um Erlaubnis fragst, deine Ideen in die Tat umzusetzen. Denn dass das Alte nicht taugt, das erleben wir Tag für Tag. Keiner traut sich, in der Frage der Arbeitslosigkeit neue Wege zu gehen. Lieber verschanzt man sich hinter Allgemeinplätzen oder schiebt die Schuld andern zu. Jeder wartet darauf, dass der andere einen falschen Schritt tut. Dann kann man ihn kritisieren. Aber keiner wagt den ersten Schritt. So tritt man auf der Stelle. Man liegt auf der Lauer, die Fehler bei andern zu suchen, anstatt selbst einen Fehler zu riskieren. Ich wünsche dir, dass dich der Engel des Risikos zur Freiheit ermächtigt, auch Fehler zu wagen, um dir und den Menschen neue Wege zu erschließen. Nur wenn du dem Engel des Risikos traust, kann durch dich Neues in dieser Welt wachsen, können Menschen durch dich neue Möglichkeiten entdecken.

13

Der Engel der Zuversicht

I n einer Zeit der Schwarzseher und Hellseher, die beide eine apokalyptische Zukunft beschwören, haben wir den Engel der Zuversicht bitter nötig. Prophezeiungen, die das Ende der Welt verkünden, haben momentan Hochkonjunktur. Natürlich kann keiner dafür garantieren, dass unsere Welt noch lange im Gleichgewicht bleibt und die menschlichen Verrücktheiten überlebt. Aber die Lust, den Untergang zu prophezeien, sagt mehr über die Psyche der selbst ernannten Propheten als über die Realität unserer Welt aus. Weil sie ihr eigenes Leben als Katastrophe erleben und unbewusst den Wunsch hegen, dass dieses verpfuschte Leben möglichst bald zu Ende geht, projizieren sie ihre eigene Situation in die Welt hinein und erwarten möglichst bald den Weltuntergang. Ihre innere Destruktivität drückt sich darin aus, dass sie sich den Weltuntergang in den höllischsten Farben ausmalen. Da die Angst vor der Zukunft heute weit verbreitet ist, treffen solche falschen Propheten eine empfindliche Stelle in der menschlichen Seele und gewinnen so Macht über viele ängstliche Menschen.

Der Engel der Zuversicht schenkt uns Hoffnung und Vertrauen in die Zukunft. Zuversicht kommt von sehen, mit den Augen verfolgen, was geschieht. Zuversicht meint, dass ich zusehe, wie Gott alles lenkt und leitet, wie er seine Engel aussendet, um diese Welt nicht dem Unheil zu überlassen, sondern alles zum Guten zu wenden. In solcher Zuversicht lasse ich mich nicht erschüttern von pessimistischen Prognosen. Ich setze auch keine rosarote Brille auf, um der Wirklichkeit aus dem Weg zu gehen. Ich mache mir keine Illusionen über den Zustand der Welt. Ich erkenne, was ist. Aber ich bin trotzdem zuversichtlich. Denn ich weiß, dass diese Welt in Gottes und seiner Engel Hand ist, dass die Menschen keine letzte Macht über diese Welt haben. Die Zuversicht sieht mehr als das bloß Vorhandene. Sie sieht mehr als die Probleme, die die Schlagzeilen der Presse bestimmen. Sie sieht zusätzlich zu allem Äußeren die innnerste Wirklichkeit aller Dinge, sie sieht zur Welt hinzu Gottes Engel, die mit uns durch diese Welt gehen und die ihre schützende Hand über unser Land und unsere Erde halten.

Der Engel der Zuversicht hat die Psalmbeter seit jeher begleitet. Da betet der Psalmist in Ps 34,8: „Der Engel des Herrn umschirmt alle, die ihn fürchten und ehren, und er befreit sie." Und in Ps 91,11 f.: „Denn er befiehlt seinen Engeln, dich zu behüten auf all deinen Wegen. Sie tragen dich auf ihren Händen, damit dein Fuß nicht an einen Stein stößt."

Marie Luise Kaschnitz, die Dichterin der „Engelsbrücke", erzählt eine Geschichte, die diese Zuversicht veranschaulicht: die Geschichte vom Schiffsbesitzer Giovanni di Mata. Dieser gab den Korsaren sein ganzes Geld, um Gefangene freizukaufen. Als er mit den Ausgelösten in See stechen wollte, forderten die Seeräuber noch mehr Geld. Und da er ihre Forderung nicht erfüllen konnte, zerschlugen sie ihm Mast und Steuer und rissen die Segel in Fetzen. Trotzdem gab Giovanni di Mata das Signal zur Abfahrt. Zum großen Erstaunen der Korsaren setzte sich das Schiff auch ohne Mast, ohne Segel und Steuer langsam in Bewegung und erreichte das offene Meer.

So wird dem Zuversichtlichen das Wissen geschenkt, dass ein Engel uns wie ein Schirm umgibt, ja dass er uns auf Händen trägt, sodass wir sicher über Löwen und Nattern schreiten können. Er glaubt, dass ein Engel für ihn zusieht, dass ihm nichts Böses schaden kann.

Er geht nicht blind durch die Welt. Er sieht durchaus, was da an Gefahren lauert. Aber er weiß sich begleitet von seinem Engel, er weiß sich umschirmt und getragen. Er weiß, dass er nicht eine bloße Nummer ist, der Willkür des Schicksals ausgesetzt, sondern dass ein Engel mit ihm geht und für ihn sorgt, dass ein Engel ihn befreit aus all seinen Ängsten.

14
Der Engel des Alleinseins

Viele Menschen haben heute Angst vor dem Alleinsein. Sie fühlen sich nicht, wenn sie allein sind. Sie brauchen ständig andere Menschen um sich, um sich überhaupt am Leben zu fühlen. Aber das Alleinsein kann auch ein Segen sein. Ohne Alleinsein gibt es keine wirkliche Gottesbeziehung und keine ehrliche Selbsterkenntnis. Viele verwechseln Alleinsein mit Alleingelassenwerden, mit Vereinsamung und Isolierung. Doch Alleinsein gehört wesentlich zu jedem spirituellen Weg. Alle großen Religionsstifter haben diese Wüstenerfahrung des Rückzugs von den anderen gemacht. Auch Jesus ist den Weg des Alleinseins gegangen, als er 40 Tage in der Wüste gefastet hat. Da hat er sich mit seiner eigenen Wahrheit konfrontiert, und er hat Gott, seinen Vater, auf neue Weise gefunden.

So wünsche ich dir den Engel des Alleinseins, dass er dich in eine fruchtbare Einsamkeit hineinführt, in die Einsamkeit, in der du dich so erkennst, wie du wirklich bist, in der du dich nicht interessant machen kannst, sondern mit deiner Nacktheit konfrontiert wirst. Wenn du den Mut findest, allein zu sein, kannst du auch entdecken, wie schön es sein kann, einmal ganz für sich zu sein, nichts vorweisen, nichts beweisen, sich nicht rechtfertigen zu müssen. Da kannst du vielleicht die Erfahrung machen, dass du ganz und gar mit dir eins bist. Das steckt ja in dem Wort Alleinsein = all eins sein, und zwar in dreifacher Bedeutung: 1. mit dir ganz eins sein. Die Sehnsucht nach Einheit war schon für die Griechen typisch. Sie fühlten sich zerrissen zwischen den verschiedenen Wünschen und Bedürfnissen. Wir verstehen heute diese Sehnsucht nach Einheit wieder neu. Denn auch wir fühlen uns angesichts der Pluralität des Daseins hin- und hergezerrt zwischen den verschiedensten Angeboten, zwischen den verschiedensten eigenen Strebungen. Wie finde ich bei dem vielen, das ich in mir entdecke, zu meiner Einheit, zu der Klammer, die alles miteinander verbindet?

Die zweite Bedeutung des Alleinseins zielt auf alle Menschen. Es meint, mit allem und allen eins zu sein, sich in seiner Tiefe mit allen Menschen solidarisch und eins zu fühlen. Je mehr ich mich meiner eigenen Einsamkeit stelle, desto tiefer fühle ich mich mit den Menschen um mich herum verbunden. Das haben die frühen Mönche erfahren, die bewusst in die Einsamkeit gegangen sind. Sie haben sich zurückgezogen von den Menschen, um auf einer tieferen Ebene mit ihnen eins zu werden. So formuliert es Evagrius Ponticus, der wohl wichtigste Mönchsschriftsteller: „Ein Mönch ist ein Mensch, der sich von allem getrennt hat und sich doch mit allem verbunden fühlt. Ein Mönch weiß sich eins mit allen Menschen, denn immerzu findet er sich in jedem Menschen." In meiner Einsamkeit entdecke ich meinen eigenen Grund. Und in diesem Grund bin ich tief verbunden mit allen Menschen. Da spüre ich, dass mir nichts Menschliches fremd ist, dass ich im Innersten mit allen Menschen zusammenhänge.

Die dritte Bedeutung des Alleinseins hat mit dem All zu tun. Von Friedrich Nietzsche stammt das Wort: „Wer die letzte Einsamkeit kennt, kennt die letzten Dinge." Im Alleinsein erahne ich, dass ich mit allem, mit dem Letzten, mit dem Urgrund allen Seins eins werde. Und diese Erfahrung des Alleinseins gehört wesentlich zum Menschen. Nicht umsonst sagt daher Dostojewski: „Zeitweilige Einsamkeit ist für einen normalen Menschen notwendiger als Essen und Trinken." In der Einsamkeit spüre ich, was mein Menschsein

eigentlich ausmacht, dass ich an allem teilhabe, am All der Schöpfung, letztlich an dem, der alles in allem ist. Wenn dich der Engel
des Alleinseins in diese grundlegende Erfahrung deines Menschseins
hineinführt, dann schwindet in dir alle Angst vor Einsamkeit und
Alleingelassenwerden. Denn du spürst, dass du dort, wo du allein bist,
mit allem eins bist. Dann erfährst du dein Alleinsein nicht als Vereinsamung, sondern als Heimat, als Daheimsein. Daheim sein kann man
nur, wo das Geheimnis wohnt. Wo dich der Engel des Alleinseins
einführt in das letzte Geheimnis, das unsere Welt durchwaltet, da bist
du niemals einsam, da bist du wahrhaft daheim. Dieses Geheimnis,
das alles umfasst, schenkt dir eine Heimat, die dir kein Mensch mehr
rauben kann.

15

Der Engel der Schwesterlichkeit

D e Bibel spricht immer wieder von der *philadelphia*, von der Bruderliebe oder Schwesternliebe. Es war die beglückende Erfahrung der frühen Christen, dass sie nicht nur die leiblichen Geschwister als Brüder und Schwestern erleben durften, sondern dass auf einmal die ganze Gemeinde zu einer Gemeinschaft von Brüdern und Schwestern geworden ist. Der Engel der Schwesterlichkeit und der Brüderlichkeit, der Engel der Geschwisterlichkeit möge dir zeigen, wie viele Brüder und Schwestern du bekommst, wenn du dich ihnen selbst als Bruder oder Schwester nahst.

Die Grunderfahrung der ersten Christen war, dass alle Mitglieder der christlichen Gemeinde ihre Brüder und Schwestern geworden waren. Der Grund dafür war, dass sie alle den gleichen Vater hatten. Weil wir alle gemeinsam zu unserem Vater im Himmel beten dürfen, sind wir vor und unter diesem Vater alle Geschwister. Jesus nennt jeden, der den Willen Gottes erfüllt, „Bruder und Schwester" ({Mk 3,35). Wenn wir die Nähe dieses Vorbilds suchen, uns um Jesus Christus scharen und wie er bereit sind, den Willen des Vaters zu tun, dann sind wir Christi Brüder und Schwestern, dann entsteht eine neue Familie, in der alle gleichberechtigt sind. Jesus verbietet den Jüngern, dass sie sich Rabbi nennen: „Denn nur einer ist euer Meister, ihr alle aber seid Brüder" (Mt 23,8). Der Engel der Schwesterlichkeit soll uns zeigen, dass wir alle gleichberechtigt sind, dass keiner sich über den andern stellen soll. Wie oft stellen wir uns nicht nur in unserer sozialen Position über andere, sondern vor allem durch unser Vorurteil. Wir fühlen uns besser als die andern, wir erheben uns über sie. Wir sind fixiert auf ihre negativen Seiten und merken gar nicht, wie wir unsere eigenen Schwächen auf die andern projizieren. Dieser Mechanismus, unsere Fehler auf die andern zu projizieren und uns auf diese Weise über sie zu stellen, ist weit verbreitet. Wir halten uns dadurch die andern vom Leib, und wir schützen uns damit, der eigenen Wahrheit ins Antlitz zu schauen. Wer seine eigene Wahrheit erkennt, der hört auf, seine Fehler bei den andern zu suchen. Er wird wahrhaft Bruder und Schwester für jeden Menschen. Denn in jedem erkennt er sich selbst.

Eine Schwester zu haben, ist nochmals etwas anderes, als einen Bruder zu haben. Ich habe das Glück, in meiner Familie drei Schwestern und drei Brüder zu haben. Da gibt es die ältere Schwester, die in der Kindheit oft die Stelle der Mutter vertreten hat. Es gibt den Engel der Schwesterlichkeit, der mütterlich für uns sorgt. Aber es ist nicht die große Mutter, die uns verschlingt, sondern die schwesterliche Fürsorge, die uns guttut. Sie steht nicht über uns, sondern neben uns. Sie ist zart und verständnisvoll. Sie deckt Bedürfnisse ab, die eine Mutter so nicht erfüllen kann. Da sind gleichaltrige Schwestern, Gefährtinnen auf dem Weg. Mit den Brüdern geht man durch dick und dünn. Mit Schwestern führt man intensive Gespräche. Da berührt man Saiten in sich, die durch die Brüder nicht zum Klingen kommen. Und es gibt die jüngeren Schwestern, die wir ja nicht umsonst oft mit „englischen" Namen versehen. Der Engel der Schwesterlichkeit bringt mich in Berührung mit meiner *anima*, mit meiner Emotionalität und meiner Spiritualität. Die Engel stehen seit jeher in einer geschwisterlichen Beziehung zu unserer Seele. Helmut Hark, der evangelische Pfarrer und Therapeut, spricht von der erotischen Liebesbeziehung zwischen unserer Seele und dem Engel als unserem

spirituellen Begleiter. Wenn wir in einem Kunstband die Engel anschauen, entdecken wir oft ihre erotische Ausstrahlung. Sie bringen
in unserer Seele etwas zum Schwingen, was sonst nur durch einen
geliebten Menschen lebendig wird. Die erotische Kraft der Engel hat
eine heilende Wirkung auf uns.

Die Erfahrung einer Schwester kann uns mit dem inneren Engel in Berührung bringen. Die Schwester kann selbst zu einem Engel
werden, der in uns die zarten Saiten der Seele zum Klingen bringt,
der die spirituellen Energien in uns belebt und eine heilende Wirkung
auf unser zerrissenes Herz ausübt. So wünsche ich dir die Begegnung
mit vielen Engeln der Schwesterlichkeit. Und ich wünsche dir, dass
du selbst für andere zu einem anregenden und belebenden Engel der
Schwesterlichkeit werden darfst.

16
Der Engel des Sich-Überlassens

S ich überlassen, das klingt zunächst sehr passiv und resignierend. Wem es nicht gelingt, sein Leben aktiv zu formen und in den Griff zu bekommen, der überlässt sich einfach dem Schicksal. Er gibt sich auf. Doch in so eine Haltung möchte uns der Engel des Sich-Überlassens sicher nicht führen. Er meint etwas anderes. Sich-Überlassen hat zuerst einmal zu tun mit Sich-Einlassen. Wer sich dem Leben überlässt, der lässt sich ein auf das Leben und seine Bewegung. Er hält sich nicht zurück. Er verkrampft sich nicht in sich selbst, sondern überlässt sich dem Fluss des Lebens. So kann in ihm etwas aufblühen und lebendig werden.

Sich-Überlassen ist das Gegenteil von Sich-Festhalten. Viele klammern sich an ihrem eigenen Image fest, andere halten sich an ihren Gewohnheiten fest oder an ihrem Besitz, an ihrem Ruf, an ihrem Erfolg. Der Engel des Sich-Überlassens möchte dich einführen in die Kunst, dich loszulassen, dich dem Leben, dich letztlich Gott zu überlassen. Ich kann mich nur überlassen, wenn ich darauf vertraue, dass ich nicht der Willkür in die Hände falle, sondern einem Engel, der es gut mit mir meint. Wer sich seinem Engel überlässt, der wird frei von unnötigen Sorgen, mit denen sich heute viele zermartern. Er wird frei von dem Kreisen um sich und seine Gesundheit, um seine Anerkennung und seinen Erfolg. In dieser Haltung des Überlassens steckt nicht nur Vertrauen, sondern auch eine große innere Freiheit. Wenn ich nicht alles selber machen muss, wenn ich mich einfach Gott überlasse, in dem Vertrauen, dass Er für mich sorgen wird, dann werde ich frei von aller Ich-Verkrampfung und Ich-Bezogenheit.

Der Engel des Sich-Überlassens will dich auch in das Vertrauen einführen, dich einem Menschen zu überlassen. Viele Freundschaften und Ehen scheitern heute, weil jeder an sich selbst festhält, weil jeder Angst hat, sich zu überlassen. Es ist die Angst, dass man seine Freiheit verliert, dass der andere mit einem machen könnte, was er will, dass man seiner Willkür und letztlich seiner Bosheit ausgeliefert wird. Aber ohne dieses Sich-Überlassen kann keine Beziehung gelingen. Denn dann würde jeder nur voller Angst darauf schauen, sich und seine Emotionen, seine Worte und Handlungen zu kontrollieren und sich ja nicht in die Hände eines anderen zu geben. Aber dann kann auch kein Vertrauen wachsen, dann kann der andere gar nicht zeigen, dass er gut mit mir umgehen wird, dass er mein Vertrauen nicht missbrauchen wird. Sich-Überlassen heißt nicht, dass ich mich selbst aufgebe. Ich kann mich nur überlassen, wenn ich mit mir in Berührung bin, wenn ich weiß, wer ich bin. Aber zugleich liegt in diesem Sich-Überlassen immer ein Risiko. In springe aus der Sicherheit, die mir das Festhalten an mir schenkt, heraus und überlasse mich der Hand des andern. Das kann nur gelingen, wenn ich weiß, dass der andere kein Teufel ist, sondern ein Engel, der mich mit seinen Händen auffängt und trägt, der es gut mit mir meint.

Ich kenne viele Menschen, die meinen, sie müssten alles selber machen. Sie müssten hart an sich arbeiten, damit sie weiterkommen und ihre Ideale verwirklichen. Sie strengen sich an, das Gute zu tun. Aber irgendwann kommen sie zu dem Punkt, an dem sie spüren, dass sie nicht alles erreichen können, was sie wollen. Sie können sich noch so viele Vorsätze machen. Sie werden sie nie alle erfüllen. Immer wieder werden sie mit der eigenen unzulänglichen Realität konfrontiert. Da heißt es, die Hände zu öffnen und sich dem Engel zu überlassen, den mir Gott gesandt hat, damit mein Leben gelingt. Das ist dann keine Haltung der Resignation, sondern der Freiheit. Ich spüre, dass ich ja gar nicht alles erreichen muss, was ich möchte, dass das ja nur Ausdruck meines eigenen Ehrgeizes ist, aber noch lange nicht der Wille Gottes. Wenn ich mich in der Meditation vor Gott hinsetze und ihm meine leeren Hände hinhalte, dann spüre ich diese Freiheit, die von dem Sich-Überlassen ausgeht. Ich lasse mich in Gott hinein-fallen. Ich weiß, dass Er mich hält, dass ich in Seinen guten Händen einfach sein darf, wie ich bin. Das ist es, was den Glauben von Chris-ten im Kern ausmacht: die Erfahrung der Freiheit, zu der Christus uns befreit hat (vgl. Gal 5,1).

17
Der Engel der Wärme

V on manchen Menschen sagt man, dass von ihnen Wärme ausgeht. In ihrer Nähe fühlt man sich wohl. Da wird es einem
warm ums Herz. Von andern dagegen strahlt einem Kälte entgegen.
Da friert es einem selbst im Sommer in ihrer Nähe. Der Engel der
Wärme möge dich dazu befähigen, dass von dir Wärme ausgeht, dass
sich Menschen in deiner Nähe geborgen und geliebt fühlen. Und er
möge dich immer wieder Menschen finden lassen, die für dich zum
Engel der Wärme werden, in deren Nähe du deine eingefrorenen Gefühle auftauen kannst, in deren Nähe du dich wärmen kannst, wenn
es dich in dieser kalten Welt friert. Viele erleben unsere Welt heute
kalt. Da ist es selten, dass man vor dem andern seinen schützenden
Mantel ausziehen kann. Man hat Angst, dem kalten Blick des andern ausgesetzt zu sein. Jeder verschanzt sich hinter seiner Mauer von
Kälte. Da täten uns Engel der Wärme gut. Sie ermöglichen Nähe und
Begegnung. Sie erzeugen eine Atmosphäre, in der wir uns wohlfühlen, in der wir daheim sein können.

Die Frage ist, was du dazu tun kannst, dass der Engel der Wärme
dich dazu befähigt, für deine Umgebung Wärme auszustrahlen. Für
mich ist es wichtig, dass ich mich an der Wärme der göttlichen Liebe
immer wieder selbst aufwärme, um ein warmes Herz auch für andere
zu bekommen. Henri Nouwen versteht geistliches Leben als Hüten
des inneren Feuers, das in jedem brennt. Nouwen meint, viele Menschen seien heute ausgebrannt, weil sie die Türen ihres Ofens zu sehr

nach außen geöffnet haben. Dann kann die Glut nicht in ihnen bleiben. Dann werden sie schnell zur ausgebrannten Asche. Geistliches Leben bedeutet für mich, das innere Feuer hüten. Mir hilft es, wenn ich beim Meditieren die Arme über der Brust kreuze und mir vorstelle, dass ich jetzt die Türen meines Ofens zumache, dass da jetzt das Feuer der göttlichen Liebe alles in mir durchglühen und verwandeln kann. Dann spüre ich eine wohlige Wärme in mir. Und ich weiß, dass das Feuer der göttlichen Liebe für alle reicht. Ich brauche mir nicht vorzunehmen, allen gegenüber Wärme zu zeigen. Wenn ich im Gebet das innere Feuer hüte, dann wird es in mir warm werden, und diese Wärme wird für alle genügen, denen ich heute begegnen werde.

Eine warme Ausstrahlung kann man nicht machen. Die kann man sich nicht vornehmen. Wenn ich die Engeldarstellungen der Gotik anschaue, etwa die Engel bei Fra Angelico, da wird es mir warm ums Herz. Es sind Engel, die eine warme Liebe ausstrahlen. In ihnen ist nichts Trübes, nichts Kaltes, nichts Feindliches. Von ihnen gilt, was Paracelsus einmal von den Engeln sagte: „Ihr sollt wissen: Der Engel ist der Mensch ohne das Tödliche." Weil das Tödliche, das Destruktive, das Krankmachende, an den Engeln fehlt, deshalb kann von ihnen eine Wärme ausgehen, an der wir uns wärmen können, ohne zu verbrennen. Wenn ich diese Engel anschaue, dann spüre ich, wie mir diese Wärme guttut. Und ich werde erfahren, dass dann auch von mir Wärme ausgeht. Dafür darf ich dann dankbar sein. Die Wärme, die von mir ausgeht, an der sich andere wärmen möchten, raubt mir die eigene Wärme nicht. Sie reicht vielmehr für alle, weil sie von der Quelle der göttlichen Wärme gespeist wird, weil sie vom Feuer der göttlichen Liebe immer wieder neu entbrannt wird.

Der Engel der Wärme wird dich dazu befähigen, dass du schnell mit andern warm wirst und dass andere schnell mit dir warm werden. Da wird Wärme hin- und herströmen. Du wirst davon nicht kalt werden. Im Gegenteil, die Wärme, die hin- und herströmt, wird sich verstärken. Sie erzeugt eine Atmosphäre, die auch für andere erfahrbar wird. Wenn ich in einer Gruppe bin, spüre ich sofort, ob da eine kalte Atmosphäre herrscht, ob man sich da vor jedem Wort in acht nehmen muss. Oder aber, ob da eine warme Atmosphäre herrscht, eine Atmosphäre des Wohlwollens, der Freundlichkeit. Da wird nicht jedes Wort auf die Goldwaage gelegt. Da darf ich sein, wie ich bin. Da werde ich ganz und gar akzeptiert. Ich wünsche dir, dass du immer den Engel der Wärme um dich spürst und dass du selbst für andere zu einem Engel werden darfst, der Wärme ausstrahlt und andern das Herz warm werden lässt.

18
Der Engel des Muts

Ursprünglich bedeutet das althochdeutsche Wort *muot* „nach etwas trachten, heftig verlangen, begehren". Es entspricht dem griechischen Wort *thymos*, welches das Gemüt, den emotionalen Teil der Seele, bezeichnet. Seit dem 16. Jahrhundert hat das Wort Mut mehr und mehr die Bedeutung von Tapferkeit angenommen. Tapferkeit gehört zu den vier Kardinaltugenden. Sie bezeichnet die Unerschrockenheit im Bestehen von Gefahren. Sie entspringt, so der Ethiker Demmer, der Hochgemutheit des Geistes und verlangt Opferbreitschaft, Durchsetzungskraft sowie Willen zu Selbstbehauptung. Mut und Tapferkeit sind nicht nur vom Soldaten gefordert, sondern von jedem Menschen. Wir alle brauchen Mut, um unser eigenes Leben zu leben, das Leben, das uns von Anbeginn zugedacht ist. Allzu leicht passen wir uns den andern an, übernehmen ihre Vorstellungen, um nicht gegen den Strom zu schwimmen. Heute herrscht zwar einerseits ein starker Liberalismus, der alles erlaubt, aber zugleich kann man eine große Uniformität beobachten. Die Medien vermitteln eine Norm, wie man heute zu sein hat, wie man denken soll, wie man sich heute kleidet, was man heute tut. Da bedarf es eines großen Mutes, anders zu sein, so zu sein, wie es für mich stimmig und richtig ist.

Du brauchst den Engel des Mutes, wenn deine Arbeitskollegen über eine Kollegin herziehen. Da nicht mitzuschimpfen, sondern darauf hinzuweisen, dass man ihr das am besten selbst sagen sollte, oder das Reden über andere abzubrechen mit der Bemerkung, man könne das alles ja auch in einem anderen Licht sehen, das verlangt Mut. Zunächst wirst du da Unverständnis ernten. Vielleicht werfen die andern dir sogar vor, du seist ein Pharisäer. Die Kollegin sei eben unmöglich. Menschen lassen sich nicht so leicht verunsichern. Wenn du den Mut aufbringst, den Klatsch über andere zu unterbrechen, dann fühlen sich die Tratschenden ertappt und wollen sich rechtfertigen, indem sie dir den Schwarzen Peter zuschieben. Da bedarf es eines starken Mutes, dich mit deiner Meinung zu behaupten, auch dann, wenn die andern dich ausgrenzen wollen und dir vorwerfen, du würdest ja auch über die andern reden. Der Engel des Mutes möge dir zur Seite stehen, wenn du Entscheidungen treffen musst, Entscheidungen über deinen beruflichen Weg oder Lebensentscheidungen. Heirat, sich zu trauen, die lebenslange Bindung an einen anderen Menschen einzugehen, ist ja nur eine solche Entscheidung. Man wirft den Zeitgenossen vor, dass sie entscheidungsschwach seien, dass sie Entscheidungen vor sich herschöben und sich am liebsten nicht binden möchten. Jede Entscheidung bindet mich, zumindest für die nächste Zeit. Und vor solcher Bindung haben viele Angst. Vor wichtigen Entscheidungen kannst du den Engel des Mutes bitten, dir zu helfen. Du hast nie die Garantie, dass deine Entscheidung absolut richtig ist. Es gibt für uns nie den absolut richtigen Weg. Trotzdem müssen wir uns an Wegkreuzungen entscheiden. Wir können nur einen Weg gehen, wenn wir weiterkommen möchten. Und jeder Weg wird irgendwann in einen Engpass führen, durch den wir hindurchmüssen, damit unser Leben weit werden kann. Jesus fordert uns auf, durch das enge Tor zu treten und den engen Weg zu gehen (vgl. Mt 7,13 f.). Der weite Weg ist der Weg, den alle gehen. Du musst deinen ganz persönlichen Weg finden. Da genügt es nicht, sich nach den andern zu richten. Du musst genau hinhören, was dein Weg ist. Und dann musst du dich mutig entscheiden, diesen Weg zu gehen, auch wenn du dich dort sehr einsam fühlst. Nur dein ganz persönlicher Weg wird dich wachsen lassen und zum wahren Leben führen.

Das Leben stellt dich immer wieder vor Aufgaben, die du gerade jetzt anpacken musst. Sonst ist es zu spät. Wer zu spät kommt, den bestraft das Leben, sagte Gorbatschow, und dieser Spruch ist zum geflügelten Wort geworden.

Der Engel des Mutes kann dir helfen, gerade das in die Hand zu nehmen, was jetzt gefordert ist. Das könnte ein klärendes Gespräch sein, das in deiner Familie oder in deiner Firma ansteht. Das könnte das Anpacken eines Problems sein, das alle in deinem Betrieb vor sich herschieben. Das könnte ein Besuch sein, den du schon lange hinausgezögert hast und um den du doch nicht herumkommst. Das könnte ein Brief sein, den du endlich schreiben müsstest, um eine Beziehung zu klären, um ein Missverständnis aufzuhellen. Es gibt so viele Situationen in deinem Alltag, in denen dir der Engel des Mutes beistehen sollte, damit du gerade das tust, was jetzt angemessen ist.

19

Der Engel der Geduld

Geduldig zu warten, das ist heute aus der Mode gekommen. „Selig sind die Wartenden,/An ihnen saust/der Erdball vorüber. /Das schärfste Stück Welt/löst ihren Blick nicht aus der verheißenen Richtung." So schreibt die Lyrikerin Ulla Hahn. Etwas von dieser Seligpreisung, dass den Geduldigen das Himmelreich gehört, macht der Engel der Geduld anschaulich.

Das Wort Geduld kommt vom althochdeutschen *dulten* = tragen, ertragen und hängt mit dem lateinischen *tolerare*, tolerieren zusammen. Im Neuen Testament bedeutet das griechische Wort für Geduld *hypomone* eigentlich „Darunterbleiben", Ausharren, Aushalten. Manchmal ist es zu passiv gesehen worden, als ob man alles einfach hinnehmen müsse, was ist. In der frühen Kirche hat Geduld mehr die Bedeutung von Ausharren und Standhaftigkeit in der Drangsal, die die Christen von außen bedrängte. Paulus sagt im Römerbrief 5,3f. : „Bedrängnis bewirkt Geduld, Geduld aber Bewährung, Bewährung Hoffnung." Und der Kolosserbrief bittet: „Er gebe euch in der Macht seiner Herrlichkeit viel Kraft, damit ihr in allem Geduld und Ausdauer habt" (Kol 1,11). *Hypomone* meint hier das „standhafte Ausharren, wie es im Kampf zu bewähren ist, in dem man die Stellung, an der man sich befindet, gegen alle Angriffe des Feindes zu halten hat". Das besagt durchaus etwas auch für unser Leben heute. Denn es meint Standfestigkeit und Durchhaltevermögen gegen alle Angriffe von außen. Geduld ist hier nicht passives Erleiden, sondern aktives Aushalten und Durchhalten. Sie erweist sich „als beharrliche Widerstandskraft". Paulus ordnet ihr noch die Langmut bei, die *makrothymia*. Sie ist für ihn eine Frucht des Geistes (vgl. Gal 5,22). Das griechische Wort meint, dass einer einen großen Mut, ein großes Gemüt, ein weites Herz hat, dass er warten kann. Das alte deutsche Wort Geduld hat im Laufe der Geschichte beide Bedeutungen angenommen: Standfestigkeit, Durchhalten, aber auch Wartenkönnen, Langmut, geduldig zusehen, bis sich eine Lösung ergibt.

Der Engel der Geduld möge dich also lehren, warten zu können. Das ist heute nicht selbstverständlich. Wir wollen die Lösung immer gleich sehen. Oft braucht es aber eine lange Zeit, bis eine Blume sich entfaltet. Wir brauchen für die eigene Entwicklung Geduld. Wir können uns selbst nicht sofort verändern. Verwandlung geschieht langsam und manchmal unmerklich. Die Bildersprache der Bibel spricht auch ins Heute: So hat es Jesus selbst im Gleichnis von der selbstwachsenden Saat erzählt (vgl. Mk 4,26-29). Auch Jakobus nimmt in seiner Ermahnung zur Geduld den Bauern zum Vorbild: „Auch der Bauer wartet auf die kostbare Frucht der Erde, er wartet geduldig, bis im Herbst und im Frühjahr der Regen fällt. Ebenso geduldig sollt auch ihr sein" (Jak 5,7 f.). Viele möchten gleich Erfolg sehen, wenn sie sich etwas vorgenommen haben. Sie wollen in einer Therapie sofort die Fortschritte kontrollieren, und sie möchten bei einer geistlichen Begleitung gleich sehen, was herauskommt. Vor lauter Erfolgskontrolle übersehen sie, was langsam in ihnen heranreift. Sie hätten den Engel der Geduld bitter nötig, damit sie sich Zeit lassen für die inneren Prozesse. Wachstum braucht Zeit. Alles, was schnell ins Kraut schießt, verdorrt auch wieder schnell.

Geduld haben heißt nicht, über alles hinwegzuschauen, was geändert werden kann und geändert werden sollte. Aber Geduld haben darf man auch mit sich selber und mit einer Situation, die nicht geändert werden kann und die eher heitere Gelassenheit erfordert. Der Engel der Geduld möge auch uns beistehen, wenn wir etwas zu dulden haben, wenn es eine leidvolle Situation auszuhalten gibt. Konflikte in der Ehe, Probleme am Arbeitsplatz lassen sich nicht immer oder immer schnell lösen. Auch da braucht es ein geduldiges Ausharren in einer schmerzhaften Situation, die man nicht schnell verändern kann, in der man nur hoffen kann, dass sich eine Lösung ergeben wird. Geduld heißt aber nicht, sich für immer mit dem Konflikt zu arrangieren oder faule Kompromisse zu schließen. In der Geduld steckt auch die Kraft, auf Veränderung und Verwandlung hinzuarbeiten. Aber in der Geduld hat auch die Zeit einen wichtigen Platz. Wir lassen uns und den anderen Zeit, dass sich etwas wandeln kann.

Geduld braucht es bei Krankheit. Auch sie lässt sich nicht sofort in den Griff bekommen. Die Fähigkeit, etwas auszuhalten, nimmt heute immer mehr ab. Geduldig aushalten, darunter bleiben, ausharren, das sind Tugenden, die heute kaum gefragt sind. Und doch hätten wir sie bitter nötig, um unser Leben zu meistern und die Probleme unserer Welt hoffnungsvoll zu bestehen. So wünsche ich dir den Engel der Geduld, dass du nicht gleich aufgibst, wenn du vor schwierigen Situationen stehst, wenn etwas unlösbar erscheint. Der Engel der Geduld möge dir die Kraft schenken, etwas durchzutragen, und das Vertrauen, dass Verwandlung geschehen wird.

20
Der Engel der Leichtigkeit

Papst Johannes XXIII. schrieb einmal in sein Tagebuch: „Giovanni, nimm dich nicht so wichtig!" Er hatte etwas von der Leichtigkeit an sich, die dich der Engel der Leichtigkeit lehren möchte. Vielleicht tun sich da die Italiener mit diesem Engel leichter als die eher schwermütigen Deutschen, die alles so ernst nehmen, die an alles mit Gründlichkeit und Konsequenz herangehen. Alles hat seine Zeit. Es ist sicher gut, wenn wir schwere Probleme wirklich anpacken. Dazu braucht es den Engel des Mutes. Aber gerade bei persönlichen Problemen ist dieses konsequente Anpacken nicht immer die Lösung. Denn je mehr wir frontal gegen unsere Fehler ankämpfen, eine desto stärkere Gegenkraft entwickeln sie. Und dann müssen wir uns ständig mit ihnen herumschlagen. Da täte uns die Leichtigkeit von Papst Johannes XXIII. gut. Ausgerechnet dieser Papst, der auch sein Amt leichter genommen hat als mancher seiner Vorgänger, die unter der Last ihres Amtes zusammengebrochen sind, hat den Mut aufgebracht, ein Konzil einzuberufen und damit die Weichen für die Zukunft zu stellen.

Die Leichtigkeit bräuchten wir gerade im Umgang mit uns selbst. Viele kommen mit sich nicht weiter, weil sie so tierisch ernst mit sich umgehen. Sie können es sich nicht verzeihen, wenn sie noch Fehler haben, die man in ihrem Alter eigentlich nicht mehr haben sollte.

Also gehen sie konsequent daran, diese Fehler auszurotten. Aber je mehr sie gegen die Fehler kämpfen, desto stärker melden sie sich zu Wort. Und schon bald verlieren solche ernsten Kämpfer dann die Geduld mit sich. Entweder werden sie noch strenger gegen sich vorgehen, oder aber sie geben den Kampf auf. Der Engel der Leichtigkeit möchte uns einen anderen Umgang lehren. Wir geben uns nicht einfach mit unseren Fehlern zufrieden. Aber wir kämpfen mit Humor. Wir nehmen es nicht so tragisch, wenn wir wieder einmal versagt haben. Wir nehmen unser Menschsein leicht, weil wir nicht alles selber tragen müssen, weil wir uns von Gottes Hand getragen wissen. Wer meint, er müsse alles selbst lösen, der trägt schwer an seiner Verantwortung, der nimmt auch sein Menschsein als schwere Aufgabe. Die Leichtigkeit meint nicht Leichtsinn oder Fahrlässigkeit, sie gründet vielmehr auf einem tiefen Vertrauen, dass wir in Gottes guter Hand sind und dass Er für uns sorgt. Und sie weiß darum, dass wir Ihm nichts vorweisen müssen. Deshalb ist es nicht so schlimm, wenn wir einmal versagen. Denn Ihn können wir damit nicht betrüben. Wir ärgern uns nur selbst darüber, wenn wir unseren eigenen Vorstellungen nicht genügen.

Der Engel der Leichtigkeit möchte uns auch in eine neue Freiheit im Umgang miteinander führen. Wer etwa wie ich in einer klösterlichen Gemeinschaft lebt, der weiß, dass man nicht alles so ernst nehmen darf. Sonst macht man sich das Leben künstlich schwer. Wir sind und bleiben auch im Kloster Menschen. Das gilt selbstverständlich nicht nur für diese Gemeinschaft. Jede Mutter, die Kinder erzieht, weiß auch, dass es nichts bringt, wenn sie sich ständig über die Fehler ihrer Kinder ärgert. Auch da braucht es die Leichtigkeit, die aus dem Vertrauen kommt, dass die Kinder schon über ihre Kinderkrankheiten hinwegkommen und irgendwann erwachsen werden. Es sind eben Kinder. Die dürfen auch Fehler machen. Die müssen aus eigenen Fehlern lernen.

Kinder, die diese Leichtigkeit der Eltern erleben, werden mehr Vertrauen ins Leben haben als andere, bei denen die Eltern alles so ernst nehmen, bei denen die Eltern die Kindererziehung wie eine Doktorarbeit verstehen, die sie möglichst vollkommen zu erledigen haben. Wer perfekt erziehen will, der erreicht in der Regel das Gegenteil.

Die Leichtigkeit kommt auch hier aus dem Vertrauen, dass die Kinder nicht nur meine Kinder sind, dass sie in ihrer Entwicklung nicht nur von meiner „vollkommenen" Erziehung abhängen, sondern dass sie in Gottes Hand sind, dass Gott für jedes Kind seinen Engel sendet, der für es sorgt.

Wenn wir die Engel betrachten, die über der Weihnachtskrippe jubilieren, oder die Putten, die die Barockzeit überall in den Kirchen platziert, dann spüren wir etwas von der Leichtigkeit, die sie ausstrahlen. Sie nehmen das Leben nicht so ernst wie wir. Sie schweben und fliegen über manches hinweg, an dem wir uns festbeißen, das wir unter allen Umständen lösen möchten. Die Künstler haben etwas von der Leichtigkeit der Engel verstanden, indem sie sie entweder jugendlich oder sogar kindlich gemalt haben, verspielt, innerlich frei und froh. Unter diesen vielen Engeln ist auch der Engel der Leichtigkeit, der uns zugeordnet ist, damit er uns die Schwere unseres Lebens nimmt und uns die Leichtigkeit des Seins vermittelt.

21
Der Engel der Offenheit

Vielen Menschen kannst du nicht begegnen, weil sie in sich selbst verschlossen sind. Sie haben einen Panzer um sich gelegt, um niemanden an sich heranzulassen. Sie haben sich hinter einer Maske versteckt, aus Angst, jemand könnte ihr wahres Gesicht entdecken. Sie möchten sich nicht zeigen, weil sie Angst haben vor wirklicher Begegnung. Sie haben Angst vor ihrer eigenen Wahrheit. Der Engel der Offenheit möchte dich für das Geheimnis der Begegnung öffnen. Du kannst einem andern nur begegnen, wenn du für ihn offen bist, wenn du dein Herz öffnest und ihn bei dir eintreten lässt. Das Urbild solch offener Begegnung ist für mich die Begegnung zwischen Maria und Elisabeth, wie sie uns Lukas im 1. Kapitel berichtet. Da macht sich Maria auf den Weg. Sie geht aus ihrem Haus, aus dem schützenden Bereich, und geht über das Gebirge. Sie steigt über die Berge von Vorurteilen, die uns oft an wirklicher Begegnung hindern, und über das Gebirge der Hemmungen, die uns davon abhalten, aus uns herauszugehen. Und sie tritt in das Haus der Elisabeth und begrüßt sie. Sie begegnet ihrer Base nicht nur von außen, sondern tritt in ihr Haus, in ihr Herz ein. Beide sind füreinander offen. Und so kann das Geheimnis der Begegnung stattfinden, die beide verwandelt, in der beide mit ihrem ursprünglichen Bild in Berührung kommen, das Gott sich von ihnen gemacht hat. In Elisabeth hüpft das Kind auf, das sie an das unverfälschte Bild Gottes in ihr erinnert. Und sie erkennt in Maria die Mutter ihres Herrn. Und Maria erkennt im Lobgesang des Magnificat das Geheimnis ihres Lebens. Sie erkennt, dass Er auf die Niedrigkeit seiner Magd herabgeschaut und Großes an ihr getan hat. Wenn wir einander so offen begegnen, wie wir es bei Maria und Elisabeth urbildhaft sehen, dann wird auch uns die Begegnung verwandeln und uns die Augen öffnen für das Geheimnis unseres Lebens.

Der Engel der Offenheit möge dich öffnen für die Zukunft, für das, was Gott mit dir vorhat. Manch einer hat sich in seinem Leben so eingerichtet, dass er nicht mehr offen ist für das Neue, das Er ihm zutraut. Es soll alles beim Alten bleiben. Solche Menschen sind oft erstarrt. Du sollst offen sein für die neuen Möglichkeiten, die Er dir schenken möchte. Das Neue kann sich in dir nur entfalten, wenn du dafür offen bist, wenn du nicht festgelegt bist auf das Alte, wenn du nicht erstarrst in dem, was du gerade lebst. Diese Offenheit zeigt sich in der Bereitschaft, neue Ideen aufzunehmen, neue Verhaltensweisen zu lernen, auf immer wieder neue Herausforderungen in der Arbeit, in der Familie, in der Gesellschaft zuzugehen. Offene Menschen sind bereit, im Beruf immer wieder Neues zu lernen, sich auf neue Techniken einzulassen, neue Entwicklungen zuzulassen. Offene Menschen bleiben lebendig und wach.

Offenheit im Umgang mit anderen Menschen meint auch Aufrichtigkeit und Freimut. Wer einem andern gegenüber offen seine Meinung sagt, bei dem weiß man, woran man ist. Solch offene Menschen sind ein Segen für uns. Sie werden nicht hintenherum über uns reden. In ihrer Nähe können wir uns auch öffnen. Denn ihre Aufrichtigkeit tut gut. Auch wenn sie uns Unangenehmes sagen, wissen wir, dass sie es gut mit uns meinen. Sie verstecken ihre Vorbehalte und Vorurteile nicht hinter einer freundlichen Fassade. Sie zeigen sich so, wie sie sind. Sie trauen sich, uns die Wahrheit zu sagen, weil sie sich frei fühlen. Sie sind nicht abhängig von unserer Zustimmung. Weil sie in sich selbst ruhen, können sie mit ihrer Aufrichtigkeit auch in

Kauf nehmen, dass sich jemand von ihnen abwendet, der ihre Kritik nicht vertragen kann. Der Engel der Offenheit möge dir solche Aufrichtigkeit und solchen Freimut schenken, dass du in innerer Freiheit dem andern das sagen kannst, was du in deinem Herzen spürst. Natürlich braucht solche Aufrichtigkeit auch Klugheit und Sensibilität. Du musst spüren, was du dem andern sagen kannst und wo du ihn nur unnötig verletzen würdest. Aber weil du nicht darauf angewiesen bist, unbedingt bei allen beliebt zu sein, bist du frei, die Wahrheit zu sagen. Schau dir den Engel Gabriel an, wie er Maria die Geburt ihres Sohnes verkündet. Da haben die Künstler in dem Engel Offenheit Gestalt werden lassen. Da ist der Engel offen für die Frau, bei der er eintritt. Er verkündet ihr Neues und Unerhörtes. Und mit seiner Offenheit öffnet er auch Maria für das scheinbar Unmögliche. Der Engel der Offenheit möge auch dich öffnen für das Geheimnis menschlicher Begegnung und für das Neue, das dir zugetraut wird.

22

Der Engel der Nüchternheit

Manchmal gebrauchen wir das Wort nüchtern für fantasielos und langweilig. Aber in diese Haltung soll dich der Engel der Nüchternheit sicher nicht führen. Vom Ursprung her ist Nüchternheit ein klösterliches Wort. Es kommt von *nocturnus*, nächtlich. Der nächtliche Gottesdienst der Mönche, die Vigil, hatte drei Nokturnen, drei Nachtwachen. Er wurde vor der Morgenmahlzeit gehalten. Nüchtern heißt dann eigentlich „noch nichts gegessen oder getrunken habend". Wer noch nicht gegessen hat, der ist ganz wach, der nimmt die Dinge so wahr, wie sie sind. Wenn wir viel trinken, können wir benebelt sein und die Wirklichkeit nur noch schemenhaft wahrnehmen. Und wenn wir zu viel gegessen haben, sind wir satt und schläfrig und sind wenig aufnahmefähig. Nüchternheit meint also, die Dinge so sehen, wie sie sind, ohne sie durch die Brille der Schläfrigkeit oder der Projektionen zu verstellen.

Solche Nüchternheit ist angebracht, wenn sich in einer Diskussion alle nur von ihren Emotionen leiten lassen. Solche Nüchternheit ist ein Segen, wenn bei einer Entscheidungsfindung zu viel Eigeninteresse, zu viel Machtkampf und zu viele Beziehungskonflikte eine klare Sicht der Dinge verhindern. Mir hat ein Handwerksmeister von Entscheidungsfindungen erzählt, die er in Frauenklöstern erlebt hat. Da sagt die eine Schwester, dass sie einen gelben Vorhang möchte, nicht, weil er ihr gefällt, sondern weil die Oberin es möchte und weil die andere Schwester, die sie nicht leiden kann, unbedingt einen grünen bevorzugt. Oft genug sind unsere Entscheidungen von solchen Beziehungskonflikten geprägt. Da bräuchte es den Engel der Nüchternheit, der uns klar sehen lässt, was richtig ist. Nüchternheit heißt auch Sachlichkeit, Sachgerechtigkeit. Wenn wir den Sachen gerecht werden, werden wir auch dem gerecht, der Grund dieser Wirklichkeit ist.

Aber häufig vermischen wir die Sachen mit unseren Emotionen. Dann können wir sie nicht mehr richtig sehen. Dann können wir einen Konflikt nicht mehr lösen, weil alle in einem Emotionsbrei herumtappen wie in einem Sumpf, aus dem sie nicht mehr aus eigener Kraft herauskommen.

Der Engel der Nüchternheit könnte dir zum Segen werden, wenn du mit Menschen sprichst, die deinen Rat suchen, die dir ihre Probleme erzählen, ihre Verletzungen, ihren Ärger, ihre Enttäuschung. Wenn du dich da nicht mitreißen lässt in den Sumpf der Emotionen, sondern nüchtern klären kannst, worum es eigentlich geht, dann kannst du wirklich helfen, dann kannst du den Ratsuchenden herausführen aus dem Nebel seiner Emotionen. Nüchternheit verlangt eine gute Distanz zum andern. Wenn du vor Mitleid zerfließt, kannst du dem andern keinen Weg zeigen. Dein Mitleid tut ihm anfangs vielleicht gut. Aber es genügt nicht, wenn ihr euch gegenseitig bedauert, wie schlimm das Leben sei. Du sollst mit dem andern mitfühlen. Aber du brauchst auch den nüchternen Blick aus einer gesunden Distanz heraus, um einen Weg aus dem Dschungel der Probleme zu finden.

Der Engel der Nüchternheit kann dir auch helfen, deine eigene Situation richtig einzuschätzen, deine Dramatisierungen aufzugeben, mit denen du oft genug deine Lage übertreibst, und einen Weg zu entdecken, besser mit dir umzugehen. Oft genug bist du betriebsblind und siehst alles nur von deinem Ärger oder deiner Enttäuschung oder deiner Verletzung aus. Das verstellt dir den Blick für gangbare Lösungen. So wünsche ich dir den Engel der Nüchternheit, damit du deine eigene Situation klären kannst und dass du Klarheit hineinbringen kannst in den Nebel menschlicher Beziehungs- und Entscheidungskonflikte.

23
Der Engel des Verzeihens

Verzeihen und Vergeben, das klingt nach Nachgiebigkeit. Der andere kann auf mich draufschlagen. Und mir bleibt als Christ nichts anderes übrig, als zu vergeben. Ich darf mich nicht wehren. Ich muss auch meinem schlimmsten Feind verzeihen. Der Engel des Verzeihens will dich nicht erniedrigen und wehrlos machen, sondern dich befreien von der Macht der Menschen, die dich verletzt und gekränkt haben. Verzeihen kommt von zeihen, jemanden anschuldigen und beschuldigen, auf jemanden weisen. Verzeihen heißt daher: Verschuldetes nicht anrechnen, einen Anspruch aufgeben, den ich durch die Schuld des andern habe.

Du sollst deine eigenen Gefühle nicht unterdrücken, wenn du verzeihst. Vergebung steht immer am Ende der Wut und nicht am Anfang. Um vergeben zu können, musst du erst einmal den Schmerz zulassen, den dir der andere bereitet hat. Aber du sollst nicht in der Wunde wühlen, sonst tust du dir selbst weh. Daher brauchst du neben dem Bewusstmachen des Schmerzes auch die Wut. Lass die Wut ruhig in dir hochsteigen über den, der dich verletzt hat. Die Wut ist die Kraft, dich von dem zu distanzieren, der dich gekränkt hat. Die Wut ermöglicht es dir, den andern aus Dir hinauszuwerfen, der dich ärgert und der dich verletzt. Erst wenn du ihn aus dir hinausgeworfen hast, kannst du dir vorstellen: „Er ist halt auch nur ein Mensch. Er ist auch nur ein verletztes Kind." Oder Du kannst wie Jesus am Kreuz beten: „Vater, vergib ihnen, denn sie wissen nicht, was sie tun" (Lk 23, 34). Vielleicht denkst du, der andere weiß ganz genau, was er tut, wenn er mich verletzt, wenn er in mir Schuldgefühle hervorruft, wenn er mit seiner Kritik meine empfindlichen Stellen schonungslos aufdeckt. Ja, er weiß, was er tut. Aber er weiß nicht, was er dir damit wirklich antut. Er ist so gefangen in seiner Struktur, in seiner Angst, in seiner Verzweiflung, dass er nicht anders kann. Er muss dich kleinmachen, weil ihm kein anderer Ausweg bleibt, an seine Größe zu glauben. Weil er selbst voller Minderwertigkeitskomplexe ist, muss er andere kleiner machen, als er sich fühlt. Wenn du so denkst, dann hat der andere keine Macht mehr über dich. Und erst dann, wenn du Dich durch Deine Wut von der Macht des andern befreit hast, kannst du wirklich vergeben. Dann spürst du, dass die Vergebung dir guttut, dass die Vergebung dich endgültig befreit von der Macht derer, die dich verletzt haben.

Es braucht allerdings oft lange, bis wir wirklich vergeben können. Wir sollen da unsere Gefühle nicht überspringen. Wenn dich dein Vater immer wieder verletzt, dann brauchst du zuerst die Wut, um dich von ihm distanzieren zu können. Und vielleicht muss die Wut erst noch stärker werden, dass er dich nicht mehr erreichen kann mit seiner Entwertung, mit seinem autoritären Nörgeln. Solange das Messer, das dich verletzt hat, noch in dir steckt, kannst du nicht vergeben. Denn dann würdest du dich damit nur noch mehr verletzen. Du würdest in der Wunde bohren. Das wäre Masochismus. Du musst den andern erst aus dir hinauswerfen. Dann kannst du wirklich vergeben. Vorher wäre Vergeben nur ein Aufgeben deiner selbst, ein Sichergeben in dein schlimmes Schicksal. Aber irgendwann wäre Vergebung auch wirklich dran. Viele Menschen kommen nie los von denen, die sie verletzt haben, weil sie nie vergeben haben. Vergebung befreit dich von den Kränkungen, die dir Menschen zugefügt haben. Und sie heilt deine Wunden.

Als ich in einem Kurs die Teilnehmer und Teilnehmerinnen dazu einlud, sich drei Menschen vorzustellen, die sie verletzt haben, und ihnen nach Empfinden des Schmerzes und der Wut zu vergeben, da spürte ich, wie viele Menschen mit alten Wunden herumlaufen, die immer noch in ihnen bohren. Sie bräuchten den Engel der Vergebung, damit ihre Wunden heilen könnten und damit sie frei würden von den Menschen, die sie immer noch bestimmen. Nicht vergebene Kränkungen lähmen mich. Sie ziehen mir die Energie ab, die ich für das Leben brauche. Und viele werden nicht gesund, weil sie es nie fertiggebracht haben, zu vergeben. Aber der Engel des Verzeihens lässt dir Zeit. Er überfordert dich nicht.

Es gibt kein menschliches Zusammenleben ohne Verzeihung. Denn ob wir wollen oder nicht, immer wieder werden wir einander verletzen. Wenn wir die Verletzungen gegeneinander aufrechnen, gibt es einen Teufelskreis der Kränkung. Wenn wir sie überspringen, werden sie in uns Bitterkeit und Aggression erzeugen, die wir dann bei irgendeiner Gelegenheit wieder herauslassen in Form von Vorwürfen, von Kritik, von Ressentiments. Irgendwann werden wir es dem andern heimzahlen. Und es wird eine Schuld die andere erzeugen. Der Engel des Verzeihens unterbricht den Teufelskreis der Wiedervergeltung. Er reinigt die Atmosphäre und ermöglicht so auch uns, die wir verletzt sind und immer wieder verletzen, ein menschliches Miteinander.

24
Der Engel der Freiheit

Nach Freiheit sehnen wir uns alle. Denn es tut uns weh, wenn wir uns abhängig fühlen. Wenn andere Menschen uns bestimmen, wenn wir in ihrer Nähe nicht anders können, als ihre Erwartungen zu erfüllen, dann ärgert uns das. Es ist gegen unsere Würde. Oder wenn wir von unseren Emotionen oder Gewohnheiten beherrscht werden, fühlen wir uns nicht wohl. Wir haben heute zwar eine äußere politische Freiheit, aber im Miteinander fühlen sich viele unfrei. Da fühlen sie sich in Sachzwänge eingebunden. Da werden sie von den Erwartungen der Gesellschaft bestimmt. Sie trauen sich nicht, auszubrechen und gegen den Strom zu schwimmen. Sie haben den Eindruck, dass andere über sie bestimmen. Da traut sich jemand nicht frei zu sagen, was er denkt. Er überlegt sich, was der andere von ihm erwartet, was der über ihn denken würde. Er ist nicht er selbst, sondern versucht, der zu sein, den die andern gerne haben möchten. Aber so kann ich nie Mensch werden, so entdecke ich nie, wer ich selber bin.

Das deutsche Wort Freiheit kommt von der indogermanischen Wurzel *prai* Das heißt: schützen, schonen, gern haben, lieben. Wir sprechen ja auch heute noch von einem Freier. Die Germanen nannten den, den sie liebten und daher schützten, einen freien Menschen. Er konnte frei und vollberechtigt in der Gemeinschaft stehen. Er war frei, ungebunden, unabhängig, nicht beengt. Ich fühle mich frei, wenn ich mich geliebt weiß. Dann muss ich mich nicht nach den

Erwartungen der andern richten. Dann darf ich sein, wie ich bin. Wenn ich mich von einem Menschen geliebt weiß, kann ich in seiner Nähe mich so geben, wie ich mich fühle. Dann muss ich nicht ständig Angst haben, was der andere von mir denken würde. Ich weiß, dass ich bejaht bin. Wenn ich mich wirklich im Grund meines Daseins geliebt weiß, dann bin ich frei von dem Zwang, die Erwartungen der andern zu erfüllen. Ich bin frei von dem Zwang, immer Erfolg haben zu müssen, immer etwas vorweisen zu müssen, den Maßstäben der Gesellschaft entsprechen zu müssen.

Die Griechen kennen drei Worte für Freiheit: *Eleutheria* ist die Freiheit, dort hinzugehen, wohin ich will. Ich bin frei in meinem Handeln. Ich kann das tun, was ich für mich als richtig spüre. Ich bin nicht eingezwängt durch die Vorschriften und Erwartungen der andern. *Parrhesia* meint die Redefreiheit. Du denkst vielleicht, dass das nichts Besonderes ist. Du darfst in der Demokratie ja sagen, was du denkst. Aber wie oft richtest du dich doch nach den andern. Ich kenne einen sehr begabten Menschen, der gute Zeugnisse hat. Aber er findet keine Arbeit, weil er sich vor jedem Vorstellungsgespräch tausendmal überlegt, was der Personalchef denken könnte, wenn er das sagt, und ob er meinen würde, er sei neurotisch, wenn er jene Worte verwenden würde. Er ist nicht frei in seinem Reden. Frei sind wir erst, wenn wir uns so zeigen können, wie wir sind, wenn wir unsere Wahrheit auch vor andern aussprechen können. Der dritte Begriff, die *Autarkia*, meint Selbstverfügung und Selbstbestimmung. Ich kann noch selber entscheiden, was ich will, was ich esse und wie viel, wann ich verzichte und faste. Dieses innere Gefühl der Freiheit, noch Herr über mich zu sein, gehört wesentlich zur Würde des Menschen. Viele werden heute getrieben von ihren Süchten. Da täte ihnen der Engel der Freiheit gut, der sie aufrichtet und frei über sich verfügen lässt.

Eine Frau hat sich in einen Mann verliebt. Aber der will nichts von ihr wissen. Obwohl sie weiß, dass die Beziehung keine Chance hat, dass sie sich dadurch nur selbst verletzt, kommt sie nicht los von ihm. Auch sie bräuchte den Engel der Freiheit, der ihr ihre Würde wieder schenkt, das Gespür, dass sie in sich wertvoll ist, dass sie es nicht nötig hat, diesem Mann nachzulaufen. Andere fühlen sich in der Ehe, in der Familie, in einer Gemeinschaft eingeengt und unfrei. Sie haben keinen Raum zum Atmen. Auch sie bräuchten den Engel der Freiheit, der ihnen die innere Freiheit schenkt, sich auch in der Enge noch frei zu fühlen. Die innere Freiheit sagt mir, dass über mein wahres Selbst keiner verfügen kann. Sie schenkt mir Unabhängig-keit auch in der Freundschaft. Ich definiere mich nicht vom andern her. Ich bin immer noch ich selbst. Solche Freiheit ist nötig, damit Freundschaft, damit Ehe gelingen kann. Wenn zwei aneinanderkle-ben, wenn sie sich ständig vergewissern müssen, was der andere jetzt denkt, dann kann in solcher Enge keine reife Beziehung wachsen. Auch in jeder Bindung brauche ich trotzdem noch Freiheit. Ich binde mich in Freiheit. Und in der Bindung bin ich frei, gibt es in mir einen Raum, über den niemand verfügen kann. Ich wünsche dir, dass der Engel der Freiheit dir solche innere Freiheit schenkt, damit du dich wahrhaft als freier Mensch fühlen und aufrecht leben kannst.

25

Der Engel des Abschieds

Abschied tut weh. Sich von einem Menschen verabschieden zu müssen, den man lieb gewonnen hat, kann einem das Herz zerreißen. Aber dennoch muss der Abschied sein. Wir können den andern nicht festhalten. Er möchte seinen Weg gehen, und er muss ihn gehen, damit sein Leben gelingt. Unser Leben kennt tausend Abschiede. Wir müssen uns von einer vertrauten Umgebung verabschieden, weil wir an einem anderen Ort studieren möchten, weil wir anderswo eine Arbeit gefunden haben. Jede Veränderung verlangt einen Abschied. Und nur wenn der Abschied gelingt, können wir uns auf das Neue wirklich einlassen, kann Neues in uns wachsen. Viele möchten am liebsten alle Menschen festhalten, mit denen sie vertraut geworden sind. Sie möchten eine Freundschaft immer weiterführen. Aber es gibt auch Freundschaften, die nur eine Zeit lang gut sind. Dann ziehen sie sich nur noch hin. Sie werden aufrechterhalten aus Pflichtgefühl oder um den anderen nicht zu verletzen. Aber sie stimmen nicht mehr. Da wäre es Zeit, wirklich Abschied zu nehmen. Dann gehe ich fair mit dem anderen um. Dann traue ich ihm zu, dass er sich neu orientieren kann. Und dann bin ich frei, Neues zu beginnen.

Ein Abschied tut besonders weh. Es ist der Abschied vom Ehepartner oder von der Freundin, mit der man sich vorgestellt hat,

ein Leben lang zusammen zu sein. Viele müssen heute durch diesen schmerzlichen Abschied gehen. Da geht eine Freundschaft in
die Brüche. Da kann eine Ehe nicht mehr fortgesetzt werden, weil
man sich gegenseitig nur noch verletzt und sich das Leben zur Hölle
macht. Statt wirklich Abschied zu vollziehen, kämpfen dann manche
ihre Scheidung vor dem Anwalt durch und bekriegen sich gegenseitig
weiterhin. Aus Liebe wird Hass. Paartherapeuten haben für solche
Situationen Abschiedsrituale entwickelt, damit da ein fairer Abschied
gelingen kann. Zu so einem Abschiedsritual gehört, dass ich all die
guten Erfahrungen, die ich mit dem andern gemacht habe, nochmals
ins Wort bringe, dass ich dem andern danke für alles, was er oder sie
mir geschenkt hat. Erst dann kann ich sagen, warum wir uns trotzdem voneinander verabschieden müssen. So kann jeder seinen Weg
gehen, ohne dass er die letzten Jahre seines Lebens vor sich und vor
andern ausklammern müsste. Er kann sie dankbar annehmen und
dann in Freiheit seinen Weg weitergehen, ohne Verbitterung, ohne
Schuldvorwürfe, ohne Selbstzerfleischung. Abschied gilt es aber nicht
nur von Menschen zu nehmen. Wir müssen uns auch verabschieden
von Gewohnheiten, von Lebensabschnitten, von Lebensmustern.
Wer nie von seiner Kindheit Abschied genommen hat, der wird immer infantile Wünsche an seine Umgebung haben. Wer sich nie von
seiner Pubertät verabschiedet hat, der wird immer in seinen Illusionen
gefangen sein, die er sich vom Leben ausgedacht hat. Wir müssen Abschied nehmen von unserer Jugend, wenn wir erwachsen werden wollen, von unserem Junggesellendasein, wenn wir heiraten wollen, von
unserem Beruf, wenn wir älter werden. Vor allem aber müssen wir
Abschied nehmen von den Verletzungen unserer Lebensgeschichte.
Viele können nicht gut leben, weil sie noch an den Verletzungen ihrer
Kindheit hängen. Sie machen immer noch ihren Eltern einen Vor-
wurf, dass sie sie so eng erzogen haben, dass sie ihren Bedürfnissen
nicht gerecht geworden sind. Um hier und heute bewusst leben zu
können, muss ich mich verabschieden von den Kränkungen meiner

Kindheit. Ich bin hier und jetzt für mein Leben verantwortlich. Und ganz gleich, wie meine Kindheit war, ich kann jetzt etwas aus dem machen, was ich mitbekommen habe. Keiner hat nur gute und keiner nur schlechte Erfahrungen gemacht. Bei allen Wunden haben wir von unseren Eltern auch gesunde Wurzeln mitbekommen. Aber sie können wir nur entdecken, wenn wir uns bewusst von den Eltern verabschiedet haben.

Der Engel des Abschieds möge dir helfen, dich von alten Lebensmustern zu verabschieden, mit denen du dir das Leben schwer machst, etwa von dem Muster des Perfektionismus, das dich zwingt, alles zu kontrollieren, oder von dem Muster der Selbstverletzung, das dich dazu treibt, die Schuld immer bei dir zu suchen oder dich zu entwerten. Du musst das Muster loslassen, dass du deiner Mutter immer noch durch Leistung deinen Wert beweisen willst. Inzwischen ist aus der Mutter vielleicht die Schule oder die Kirche geworden, für die du dich verausgabst. Aber es ist immer noch das alte Muster, dem du folgst. Wenn wir uns nicht von den alten Lebensmustern verabschieden, sind wir dazu gezwungen, uns oder andere zu verletzen oder uns unbewusst Situationen auszusuchen, in denen die Verletzungen der Kindheit sich fortsetzen. Dann suchen wir uns einen Chef, der uns genauso entwertet wie der Vater. Dann suchen wir uns eine Freundin, die uns genauso vereinnahmt wie die Mutter. Der Engel des Abschieds möge dir helfen, dich von deiner Vergangenheit und von alten Lebensmustern zu verabschieden, damit du ganz im Augenblick leben kannst, damit du deine Möglichkeiten, die in dir sind, verwirklichen kannst, damit Neues und Ungeahntes in dir wachsen kann.

26

Der Engel des Trauerns

B ei Trauer denken wir sofort an die Trauer um einen Verstorbenen. Das ist wohl auch der Ernstfall des Trauerns. Wer die
Trauer um einen lieben Toten, etwa um den verstorbenen Vater oder
die verstorbene Mutter, überspringt, der blockiert seinen Lebensfluss.
Er weiß nicht, warum er sich nicht richtig freuen kann, was ihm da
auf der Seele liegt, das ihn am Leben hindert. Es ist oft die nicht
gelebte Trauer. In der Trauer setzen wir uns bewusst mit dem Verlust
auseinander, den der Tod dieses Menschen in unser Leben gerissen
hat. Und wir schauen unsere Beziehung zu ihm nochmals an. Wir
erinnern uns, was wir mit ihm alles erlebt haben, was er uns bedeutet
hat, was er uns geschenkt hat. Aber wir verschließen unsere Augen
auch nicht vor dem Schweren, das wir mit ihm erlebt haben, vor den
Schmerzen, die er uns zugefügt hat, vor dem Ungeklärten und Un-
ausgesprochenen. Manche wundern sich dann, dass da in ihrer Trauer
auch Wut hochkommt. Aber die darf auch sein. Trauer klärt unsere
Beziehung und stellt sie auf eine neue Ebene. Wenn wir durch die
Trauer hindurchgegangen sind, dann können wir eine neue Beziehung zu dem Verstorbenen aufbauen, dann wird er für uns zu einem
inneren Begleiter. Er ist nicht einfach verschwunden. Wir begegnen
ihm manchmal im Traum. Da kann er uns Worte sagen, die uns wei-
terhelfen. Oder er erinnert uns einfach daran, dass wir etwas von dem
bräuchten, was er dargestellt hat. Durch die Trauer hindurch entdecken wir, wer der andere wirklich war. Während seines Lebens haben

wir immer nur einen Teil von ihm kennengelernt. Der andere Teil war hinter seiner Maske verborgen. Jetzt wissen wir, was er eigentlich mit seinem Leben aussagen wollte, was die tiefste Sehnsucht seines Herzens war, welche Botschaft er mit seinem Leben vermitteln wollte.

Der Engel des Trauerns möchte dich aber nicht nur die rechte Trauer um Verstorbene lehren. Es gibt viele Gelegenheiten, in denen er dich einweisen möchte in die Kunst, Vergangenes und Ungeklärtes aufzuarbeiten und es hinter dir zu lassen. Da ist die Trauer um all das ungelebte Leben. Ich erlebe viele Menschen, die auf einmal das Gefühl haben, sie seien um ihr Leben betrogen worden. Sie durften nie wirklich das leben, was sie gerne gemocht hätten. Sie sind von den Eltern und Lehrern in eine Richtung gedrängt worden, die ihnen nicht guttat. Oder sie erkennen schmerzlich, wie ihre Kindheit wirklich war, dass sie nie wirkliche Geborgenheit erfahren haben. Solche Erkenntnisse tun sehr weh. Sie müssen betrauert werden. Sonst bestimmen sie uns weiter und schleichen sich heimlich in all unser Denken und Tun ein. Wir merken dann gar nicht, warum wir in bestimmten Situationen so empfindlich reagieren oder so erstarren. Es ist die ungelebte Trauer über die Enttäuschungen, die uns das Leben bereitet hat.

Es gibt aber nicht nur die Enttäuschungen unserer Kindheit.

Immer wieder erleben wir, wie eine Beziehung zerbricht, wie wir vor dem Scherbenhaufen unseres eigenen Lebens sitzen. Wir sind gescheitert. All die Ideale, die wir verwirklichen wollten, haben sich als Illusionen herausgestellt. Jetzt sitzen wir da, enttäuscht, desillusioniert, ohne Schwung. Ein Mann meinte einmal nach einer zerbrochenen Beziehung, er fühle sich, als ob man ihm die Flügel abgeschnitten habe. Der Engel der Trauer möchte dich davor bewahren, flügellahm durchs Leben zu gehen. Er möchte dir neue Flügel geben, damit du dich in die Lüfte erheben und auf das Scheitern von oben herabsehen kannst. Er möchte dir neuen Schwung verleihen, dich den Aufgaben zu stellen, die jetzt für dich dran sind. Aber der Engel der Trauer kann dich nicht vor dem Schmerz bewahren, den jede Trauer für uns bedeutet. Du musst dich dem Schmerz stellen. Aber du darfst gewiss sein, dass du nicht allein bist mit deinem Schmerz, dass der Engel der Trauer dich darin begleitet und dass er deinen Schmerz in neue Lebendigkeit verwandeln wird. Vielleicht wird dir der Engel der Trauer auch Menschen schicken, die dir beistehen in deiner Trauer, die dich verstehen, die mit dir fühlen und dir die Augen öffnen für das, was sich dir jetzt als neue Möglichkeit eröffnet.

27
Der Engel der Verwandlung

E ngel kommen daher in verschiedenen Gewändern. Sie beherr-schen die Kunst der Verwandlung. Sie verwandeln sich in einen Menschen, der uns auf unserem Weg begleitet. Sie verwandeln sich in einen Arzt, der unsere Wunden heilt, in einen Therapeuten, der uns herausholt aus der Verstrickung unserer neurotischen Muster, in einen Priester, der uns befreit von unsern Schuldvorwürfen. „Engel kommen unverhofft", singt ein modernes Lied. Manchmal ist es dein Freund oder deine Freundin, die dir ein Wort sagen, das dir alles in ein neues Licht taucht. Manchmal ist es ein Kind, das dich anschaut und dir zeigt, wie unwichtig die Probleme sind, mit denen du dich herumschlägst.

Engel sind Künstler der Verwandlung. Der Engel der Verwand-lung aber möchte dich einführen in das Geheimnis deiner Verwand-lung. Wenn du lebendig bleiben willst, musst du dich immer wieder wandeln. Was sich nicht wandelt, erstarrt. C. G. Jung meinte ein-mal, der größte Feind für die Verwandlung sei ein erfolgreiches Le-ben. Denn da meint man dann, es sei doch alles gut. Man brauche sich nicht zu wandeln. Und dann bleiben solche Menschen innerlich wie äußerlich stehen. Sie wiederholen die gleichen Redensarten, die sie schon vor zwanzig Jahren immer gesagt haben. Sie setzen auf die gleichen Lösungen, die schon immer funktioniert haben. Sie werden langweilig. Man hat wenig Lust, sich mit ihnen zu unterhalten. Ihr Reden und Denken ist abgestanden wie kalter Kaffee, der nicht mehr schmeckt.

Der Engel der Verwandlung möchte dich davor bewahren, dass du hart mit dir umgehst. Viele meinen, sie müssten sich ändern. Doch im Ändern steckt oft viel Härte und Ablehnung gegen sich selbst. Ich muss mich ändern. Denn so, wie ich bin, bin ich nicht gut. Ich muss endlich meine Fehler loswerden, meine Empfindlichkeit, meine Angst, meinen Jähzorn. In solchem Verändern steckt die Sicht, dass all meine Fehler und Schwächen schlecht sind. Der Engel der Verwandlung möchte dir vermitteln, dass alles in dir gut ist, dass alles in dir sein darf. Alles, was in dir ist, hat seinen Sinn. Aber es bedarf auch der Verwandlung. Deine Angst ist gut. Sie zeigt dir oft, dass du eine falsche Grundannahme für dein Leben hast. Vielleicht meinst du, du müsstest alles perfekt machen, du dürftest keine Fehler machen. Dann zeigt dir deine Angst, dass du dir mit so einer Lebenseinstellung selbst schadest. Und sie lädt dich ein, einen menschlicheren Weg zu gehen, auf dem du leben kannst. Deine Wut ist gut. Wenn du sie zulässt und anschaust, wenn du ihr auf den Grund gehst, dann kann sich deine Wut in neue Lebendigkeit verwandeln. Dann zeigt dir deine Wut vielleicht, dass du dich bisher nur nach den andern gerichtet hast. Jetzt möchtest du endlich selbst leben. So kann sich deine Wut in neue Lebensenergie wandeln.

Die Märchen wissen vom Geheimnis der Verwandlung. Da werden Menschen in Tiere und Tiere in Menschen verwandelt. Da kann sich alles verwandeln. Das zeigt dir, dass du vor nichts in dir erschrecken musst. Auch in dir kann alles verwandelt werden. Es gibt ein schönes Märchen, das das Geheimnis der Verwandlung beschreibt. Es ist das Märchen von den Drei Sprachen. Da lernt ein junger Mann nicht das, was der Vater von ihm möchte. Er lernt vielmehr die Sprache der bellenden Hunde, die Sprache der Frösche und die Sprache der Vögel. Als er auf seiner Wanderschaft in eine Burg kommt, bietet ihm der Burgherr nur den Turm an, in dem wilde bellende Hunde hausen, die schon manchen verschlungen haben. Doch er hat keine Angst, da er ja ihre Sprache versteht. Und sie sagen ihm, dass sie nur deshalb so wild und wütend sind, weil sie einen Schatz hüten. Sie zeigen ihm den Schatz und helfen ihm, ihn auszugraben. Dann verschwinden sie, und das Land ist in Frieden. Für mich ist das ein schönes Bild: Dort, wo dein Hauptproblem ist, dort, wo du am meisten unter dir selbst leidest, dort, wo du krank bist, da ist auch dein Schatz. Dort kannst du in Berührung kommen mit deinem wahren Selbst. Das Märchen will Dir zeigen, dass alles in dir einen Sinn hat. Wenn du ständig unzufrieden bist und zornig, dann darfst du dich deshalb nicht ablehnen. Frage dich vielmehr, auf welchen Schatz dich diese Gefühle verweisen möchten. Wenn du den Schatz gehoben hast, wenn du dein wahres Selbst gefunden hast, dann verwandeln sich solche Gefühle. Dann bist du auf einmal in Frieden mit dir. Und du bist dankbar, dass der bellende Hund dich auf den verborgenen Schatz aufmerksam gemacht hat. Der Engel der Verwandlung möchte dir Mut machen, alles, was in dir ist, mit einem milden Blick anzuschauen, weil alles in dir das Material ist, das sich verwandeln möchte, bis immer mehr durch alles hindurch dein unverfälschtes Bild aufleuchtet.

28
Der Engel der Begeisterung

Ich finde Menschen immer erfrischend, die sich für etwas begeistern können. Sie haben eine zündende Idee, wie sie ihre Arbeit anders gestalten. Und sie sind ganz begeistert, dass sie diese Idee gefunden haben. Oder sie sind im Urlaub und schauen ganz begeistert auf die wunderbare Landschaft. Sie sind begeistert von einem Abend, an dem sie mit Freunden zusammen waren und sich gut unterhalten haben. Sie lassen sich begeistern von neuen Wegen. Und sie können auch andere mit ihrer Begeisterung mitreißen. Da wird alles, was sie erleben, intensiv erlebt. Da macht man sich gegenseitig darauf aufmerksam, wie wunderbar die Sonne durch die Wolken hindurchscheint, wie einzigartig dieser Berg über dem Tal emporragt.

Dagegen gibt es die vielen Menschen, die sich für nichts mehr begeistern können. Sie fahren im Urlaub immer weiter fort. Aber wenn man sie fragt, wie es war, fällt ihnen sofort ein, dass das Essen nicht geschmeckt hat und das Hotel zu wünschen übrig ließ. Sie brauchen immer mehr Eindrücke von außen, um sich überhaupt zu spüren. Aber je weiter weg sie fahren, je mehr Geld sie für den Urlaub ausgeben, desto weniger erleben sie, desto weniger spüren sie das Leben. Sie suchen das Leben außerhalb von sich selbst, weil sie in sich kein Leben haben. Aber sie lassen das, was sie außen erleben, auch nicht in sich hinein. Deshalb können sie nie wirklich intensiv leben.

Das Wort Begeisterung kommt von Geist. Im Althochdeutschen bedeutet Geist noch Erregung, Ergriffenheit. Erst im 17. Jahrhundert kommt das Wort begeistern auf in der Bedeutung: „beleben, mit Geist erfüllen". Menschen, die sich begeistern können, lassen sich ergreifen von einem Wort, von einem Blick, von einer Begegnung, vom Wald, durch den sie wandern, von einem Berg, den sie besteigen. Sie werden innerlich erregt durch den Blick auf eine wunderschöne Landschaft. Sie lassen sich aus ihrer Distanziertheit herausreißen. Sie geraten außer sich und sind ganz bei dem, was sie da erleben. Die Griechen sprechen da von Ekstase: außer sich sein, und Enthusiasmus: in Gott sein. Sich begeistern können heißt also letztlich, sich in Ihn hineinziehen lassen, der mir in allem begegnet, in der Schöpfung, im Menschen, in jedem Wort, in der Musik, in der Kunst. Und erst in Gott erlebe ich das ganze Geheimnis eines Menschen, der Natur und der Kunst. Da geht mir die ganze Tiefe auf. In allem berühre ich letztlich Ihn.

Menschen, die sich begeistern können, können auch andere mitreißen. Von denen geht Leben aus. Da sitzt man keinen Abend zusammen und jammert über irgendetwas. Sie sprühen vor Begeisterung. Sie haben Ideen und wollen uns davon begeistern. Sie können begeisternd erzählen von dem, was sie erlebt haben. Und schon ist da Lebendigkeit und Frische. Da plätschert das Gespräch nicht einfach dahin. Da wird es immer spannend. Da entstehen immer neue Ideen, neue Pläne. Da wird in uns die Lust am Leben geweckt. Da bekommen wir auf einmal Lust, in dieses Konzert zu gehen, diese Ausstellung zu besuchen, diesen Weg zu wandern. Solche Menschen beleben uns und erfüllen uns mit Geist.

Ich wünsche dir, dass dich der Engel der Begeisterung befähigen möge, dich zu begeistern, dich ergreifen zu lassen von dem, was dir begegnet, was du erlebst, was du bist. Und ich wünsche dir, dass du andere begeistern kannst, dass du sie mitreißen kannst für eine Idee, für ein Projekt, dass du sie beleben kannst, mit Geist zu erfüllen vermagst. Dann wird der Engel der Begeisterung dir Lust am Leben schenken und dich selbst zu einem Engel der Begeisterung verwandeln für die Menschen, denen du begegnest.

29
Der Engel der Heilung

Wenn wir das Wort Heilung hören, denken wir sofort an die Heilung unserer Krankheiten, an die eigene Gesundheit. In der ursprünglichen Wortbedeutung heißt heil „gesund, unversehrt, gerettet, ganz, vollständig, frisch, ungeschwächt". Und Heil meint „Glück, Gesundheit, Heilung, Rettung, Beistand". Der Engel der Heilung möchte dir Hoffnung geben, dass dein Leben gelingt, dass es ganz wird, dass du alles, was in dir ist, annehmen kannst, dass du zu allem, was du bist, Ja sagen kannst, dass du sagen kannst: Es ist gut so, wie es ist.

Damit du das zu sagen vermagst, müssen erst deine Wunden heilen. Jeder von uns trägt Wunden mit sich. Wir sind verletzt worden durch unsere Eltern, auch wenn sie es noch so gut gemeint haben. Wir sind verletzt worden, wenn wir in unserer Einmaligkeit nicht ernst genommen worden sind, wenn man über unsere Bedürfnisse und Gefühle einfach hinweggegangen ist, wenn unsere Grundbedürfnisse nach Liebe und Geborgenheit, nach Sicherheit und Verlässlichkeit nicht erfüllt worden sind. Wir sind verletzt worden von Lehrern, die uns vor der Klasse lächerlich gemacht haben, von Priestern, die uns Angst vor der Hölle eingeimpft haben. Wir werden verletzt durch unseren Freund oder unsere Freundin, wenn wir nicht verstanden werden, wenn sie uns an den empfindlichen Stellen treffen, wenn sie in unseren alten Wunden bohren. Der Engel der Heilung will dir sagen: Deine Wunden können heilen, und sie werden heilen. Allerdings bedeutet Heilung nicht, dass du sie überhaupt nicht mehr spürst. Aber sie werden nicht ständig eitern. Es wächst eine Narbe darüber.

Und dann werden sie zu dir gehören, ohne dass sie dich am Leben hindern. Sie werden nicht mehr all deine Energie auf sich ziehen. Ja, sie werden dich sogar lebendig halten, sie werden zu einer Quelle des Lebens für dich. Deine Wunden werden durch den Engel der Heilung zu einem kostbaren Besitz, zu kostbaren Perlen, wie Hildegard von Bingen sagt. Denn dort, wo du verwundet warst, dort wirst du offen sein für die Menschen um dich herum, dort wirst du sensibel reagieren, wenn sie von ihren Wunden erzählen. Dort wirst du selbst lebendig sein. Dort kommst du in Berührung mit dir selbst, mit deinem wahren Selbst. Ich wünsche dir, dass dir der Engel der Heilung die Hoffnung schenkt, dass all deine Wunden heilen können, dass du nicht einfach von deiner Geschichte der Verletzungen definiert wirst, sondern dass du ganz in der Gegenwart leben kannst, weil dich deine Wunden nicht mehr am Leben hindern. Sie befähigen dich vielmehr zum Leben. Der Engel der Heilung möchte deine Wunden in Quellen der Lebendigkeit und Quellen des Segens für dich und für andere verwandeln.

Wenn der Engel der Heilung deine Wunden geheilt hat, dann wirst du selbst zu einem Engel der Heilung werden für andere. Dann werden andere sich in deiner Nähe wohlfühlen. Sie spüren, dass sie dir ihre Wunden zeigen können, dass du sie verstehst, dass du ihre Wunden nicht bewertest, sondern einfach annimmst. Und sie werden spüren, dass von dir eine heilende Atmosphäre ausgeht. Du projizierst deine Wunden nicht auf sie. Du redest den andern nicht deine Probleme ein, sondern du bist offen für sie. Sie können bei dir von ihren Verletzungen erzählen, ohne Angst haben zu müssen, als krank oder weinerlich abgestempelt zu werden. Du weißt gar nicht, warum die Menschen so gerne zu dir kommen und warum sie dir so offen von sich erzählen. Es ist offensichtlich der Engel der Heilung, der deine Wunden verwandelt hat und in dir und durch dich auch andern vermitteln möchte: Du bist gut, so wie du bist. Du bist ganz, gesund. Auch deine Wunden können heilen.

30
Der Engel der Treue

Treue ist heute nicht mehr gefragt. Zu viele haben erlebt, wie sich Brautleute ewige Treue geschworen haben. Und schon nach kurzer Zeit ist die Ehe zerbrochen. Viele haben Angst davor, sich in Treue an einen Menschen zu binden, weil sie zu genau wissen, dass sie für sich und ihre Gefühle nicht garantieren können. Und dennoch sehnen wir uns nach Menschen, die treu sind, die zu uns stehen, die uns Geborgenheit und Sicherheit schenken. Die Sehnsucht nach der Treue anderer korrespondiert mit dem Zweifel an der eigenen Fähigkeit, treu zu sein.

Das deutsche Wort treu bedeutet von seinem Ursprung her eigentlich „stark, fest wie ein Baum". Da wir uns oft nicht so standfest fühlen wie ein Baum, der tiefe Wurzeln hat und den nichts so leicht umwerfen kann, haben wir auch Angst, dass wir einander nicht so treu sein können, dass wir für uns nicht garantieren können. Treue meint dabei nicht, treu seinen Grundsätzen oder seinen Aufgaben gegenüber zu sein. Das ist eher Pflichterfüllung. Treue ist letztlich immer Du-Treue, Treue gegenüber einer Person. Und Treue setzt Liebe voraus. Ich kann nur dem gegenüber treu sein, den ich liebe. In der Treue steckt die Sehnsucht, dass ich alles vertrauend auf den setzen kann, den ich liebe, dass ich bereit bin, immer wieder den Ruf dessen zu hören, an den ich mich gebunden habe. Treue ist nicht etwas Statisches, sondern die Bereitschaft, mit einem Menschen einen Weg zu gehen, und das Versprechen, durch alle meine eigenen Wandlungen hindurch doch treu und verlässlich zu sein. Durch die Treue, in der ich mich für die Zukunft festlege, erringe ich erst mein Selbst durch alle Zufälligkeiten des Lebens hindurch. Der Mensch, so sagt der deutsche Philosoph Otto F. Bollnow, kommt erst durch die Treue zu sich selbst und findet in dem ständigen Auf und Ab des Lebens zu seinem eigentlichen beständigen Personkern.

Wenn wir einem andern Menschen Treue versprechen, können wir nie für uns garantieren. Wir müssen auch nicht dafür garantieren. Ich habe im Ordensgelübde Treue versprochen gegenüber meiner klösterlichen Gemeinschaft. Ich habe auch keine Garantie, dass ich mich einmal so verlieben würde, dass ich nicht mehr in dieser Gemeinschaft leben könnte. Mir hilft jedoch die Zusage Gottes, dass Er treu ist. Im 2. Timotheusbrief steht die für mich so tröstliche Stelle: „Wenn wir untreu sind, bleibt er doch treu, denn er kann sich selbst nicht verleugnen" (2 Tim 2,13). Dass Er mir treu bleibt, selbst wenn ich untreu werde, das gibt mir die Gewissheit, dass mein Leben gelingen wird, ganz gleich, ob es da innere und äußere Brüche geben wird. Und das nimmt mir die Angst, mich in Treue an meine Gemeinschaft zu binden.

Wenn wir von einem Menschen sagen, dass er treu ist, meinen wir nicht nur Eheleute, die treu zu ihrer Beziehung stehen und nicht fremdgehen. Wir meinen vielmehr Menschen, auf die wir uns verlassen können. Wir müssen nicht ständig um sie werben. Sie stehen zu uns in Treue. Und das tut uns gut. Wir wissen, selbst wenn wir lange nichts von ihnen gehört haben, wir können auf sie zählen. Von einem anderen wissen wir, dass er uns mindestens einmal im Jahr schreiben wird, und das über Jahrzehnte hinweg. Ihm ist es nicht zu lästig. Wir sind ihm offensichtlich so wichtig, dass er in Treue immer wieder den Kontakt oder die Begegnung mit uns sucht. Als meine Schwester in jungen Jahren in Italien war, lernte sie einen verheirateten italienischen Soziologieprofessor kennen. Jeder ist seinen Weg gegangen, durch viele innere und äußere Wandlungen hindurch. Aber über 30

Jahre hinweg besteht da ein freundschaftlicher Kontakt. Wenn sie nach Italien kommt, kann sie immer zu ihm kommen. Und wenn er im Ausland ist, bekommt sie den Schlüssel zu seiner Wohnung. Das ist so eine Treue, die einem guttut, auf die man immer zählen kann.

Ich wünsche dir den Engel der Treue zu deiner Seite, Menschen, die zu dir treu stehen, auf die du dich verlassen kannst. Und ich wünsche dir, dass der Engel der Treue auch dich befähigen möge, treu zu sein. Dann wirst du erfahren, wie du andern Menschen guttust und wie du in der Launenhaftigkeit deines Herzens dein wahres Selbst findest. Die Treue muss sich nicht in spektakulären Treueschwüren ausdrücken. Sie zeigt sich in deiner Verlässlichkeit, in deiner Bereitschaft, zu einem andern sein Leben lang zu stehen, mit ihm alle seine Wandlungswege mitzugehen, ohne sich von ihm abzuwenden. Über solcher Treue liegt ein Segen. In solcher Treue spüren wir den Engel, der uns dazu befähigt. Denn wir können sie nicht aus uns selbst schaffen. Von solcher Treue fühlen sich Menschen mitten in der Unbeständigkeit unserer Welt gehalten und getragen. Da wissen sie, dass sie für einen andern wichtig sind. Und das hilft ihnen, ihren eigenen Wert zu sehen und zu sich zu stehen trotz aller Enttäuschungen.

31

Der Engel der
Zärtlichkeit

Menschen, die sich lieben, sagen manchmal zueinander: Du bist für mich ein Engel der Zärtlichkeit. Sie drücken damit aus, wie gut es ihnen tut, dass der andere so zärtlich zu ihnen ist, dass er sie nicht behandelt wie einen Besitz, sondern wie einen kostbaren Schatz, dem man sich nur behutsam nahen darf. Aber Zärtlichkeit ist nicht nur die Weise, wie zwei Verliebte miteinander umgehen, sondern sie ist heute zu einer modernen Tugend geworden. Inmitten einer Welt, in der die Gewalt vorherrscht, sehnen sich junge Menschen nach einem anderen Beziehungsmodell, nach einer Atmosphäre der Zärtlichkeit. Es entsteht eine eigene Kultur der Zärtlichkeit, ein eigener Lebensstil der Zärtlichkeit. Zärtlichkeit ist die Kunst, mit Menschen, mit der Natur und mit den Dingen zärtlich umzugehen. Auch wenn der Begriff der Zärtlichkeit typisch modern ist, so begegnet uns das Phänomen der Zärtlichkeit in allen Zeiten. Die Bibel ist voll von zärtlichen Begegnungen. Der Titusbrief sagt uns, dass uns in Jesus Christus die Zärtlichkeit Gottes (die *charis*, die Gnade, Zärtlichkeit) erschienen ist (Tit 3,4). Der Dichter Heinrich Böll hat vor seinem Tod eine eigene Theologie der Zärtlichkeit eingefordert. Und er selber hat im Neuen Testament eine Theologie der Zärtlichkeit gefunden, „die immer heilt".

Der Engel der Zärtlichkeit möchte dich einführen in die Kunst, zart und zärtlich umzugehen mit den Menschen, aber auch mit allem, was du in die Hand nimmst. Im deutschen Wort zart klingt mit: lieb, geliebt, wert, vertraut, lieblich, fein, schön, weich. Du kannst nur zärtlich mit einem Menschen umgehen, wenn du ihn lieb gewonnen hast. Dann wirst du nicht in ihn dringen, ihn nicht brutal kritisieren oder anfassen. Du wirst ihn nicht zwingen, alle seine Geheimnisse preiszugeben. Du näherst dich ihm auf zärtliche und behutsame Weise. Zärtlich kann dein Sprechen sein, dein Umgang mit dem andern. In so einer zärtlichen Atmosphäre, in der sich der andere geachtet und kostbar fühlt, in der er seine eigene Schönheit entdeckt, da drückt sich die Zärtlichkeit dann auch in Zärtlichkeiten aus, in einer zärtlichen Berührung, in zärtlichem Streicheln oder in einem zärtlichen Kuss. In solcher Zärtlichkeit strömt Liebe zwischen den Menschen, eine Liebe, die nicht festhält, die keine Besitzansprüche fordert, eine Liebe, die loslässt, die achtet, die ein Gespür hat für das Geheimnis des andern.

Zärtlich mit den Dingen umgehen, das meint, dass ich ein Buch behutsam in die Hand nehme, dass es mir kostbar ist. Ich erschrecke oft, wie brutal manche mit ihren Büchern umgehen. Wenn sie sie einmal gelesen haben, kann man sie kaum mehr in die Hand nehmen. Brutalität, so sagen uns die Psychologen, ist oft Ausdruck verdrängter Sexualität. Zärtlichkeit ist Zeichen einer integrierten Sexualität. Da fließt die Sexualität in alle meine Lebensvollzüge ein, in jede Berührung, in jede Arbeit, in jeden Umgang mit Menschen und Dingen. Da gehe ich zärtlich um mit der Tasse und dem Teller, den ich auf den Tisch stelle. Da nehme ich behutsam mein Werkzeug in die Hand. Der heilige Benedikt verlangt vom Verwalter des Klosters, dass er mit allem Gerät wie mit heiligem Altargerät umgehen sollte. In allem berühren wir letztlich den Schöpfer.

Ich wünsche dir, dass du Engel der Zärtlichkeit erleben kannst, die zärtlich zu dir sind, die dir eine Atmosphäre der Zärtlichkeit schenken, in der du aufblühen kannst, in der du ganz du selbst sein kannst, in der du dich fallen lassen kannst und dich einfach wohl-fühlst. Und ich wünsche dir, dass du selbst für andere so ein Engel der Zärtlichkeit sein darfst. Um das sein zu können, musst du erst in die Schule des Engels der Zärtlichkeit gehen, damit du mit allem, was dir begegnet und was du berührst, zärtlich umgehst und so um dich herum einen zärtlichen Raum schaffen kannst, in dem sich andere geborgen fühlen.

32

Der Engel der Heiterkeit

Für die frühen Mönche war die *hilaritas*, die Heiterkeit und innere Klarheit, die Fröhlichkeit und Helligkeit, ein Zeichen für eine stimmige Spiritualität. Wer seine eigene Wahrheit erkannt hat, wer seine Höhen und Tiefen erlebt hat und wer sich ganz und gar angenommen fühlt, der strahlt solche *hilaritas* aus. Der geht nicht mehr mit einer finstersten Miene durch die Welt. Ihm ist nichts Menschliches mehr fremd. Und er weiß alles geborgen, auch die eigene Schwäche und all die Irrwege des Menschen. Es ist ein Strahlen, das von innen kommt, weil alles in ihm vom heilenden und wärmenden Licht göttlicher Liebe erleuchtet ist. Das deutsche Wort heiter bedeutet von seiner Wurzel her: klar, hell, wolkenlos, leuchtend. Durch den heiteren Menschen scheint ein helles Licht in seine Umgebung. Er vertreibt die Wolken, die die Köpfe der Menschen verdunkeln.

Heiterkeit ist nicht einfach nur eine Charaktereigenschaft, mit der man geboren wird. Sie entsteht durch ein großes Vertrauen, dass man so, wie man ist, bedingungslos angenommen ist, dass alles letztlich gut ist. Und sie entsteht durch den Mut, die eigene Wahrheit anzuschauen. Christen sind überzeugt: Nur wer das Licht Gottes in alle Abgründe seiner Seele eindringen lässt, der kann Heiterkeit ausstrahlen. In ihm gibt es nichts Dunkles mehr, das er verstecken müsste, nichts Abgründiges, vor dem er Angst haben müsste. Er geht sorglos durch die Welt. Das ist kein naiver Optimismus, sondern eine Haltung, die aus der Begegnung mit der Wahrheit kommt. Weil er seiner eigenen Wahrheit ins Auge geschaut hat, braucht er sich den Kopf nicht mehr zu zergrübeln über eventuelle Probleme und Gefahren. Er ist nicht fixiert auf das Dunkle dieser Welt, sondern sieht alles ins göttliche Licht getaucht. Er vertraut, dass dieses Licht, das in seinem Herzen gesiegt hat, sich auch in der Welt durchsetzen wird.

Solche Heiterkeit steckt an. In der Nähe eines heiteren Menschen kann man sich nicht über den Weltuntergang unterhalten. Da kann man sich nicht in einem Jammern über die Zustände dieser Welt ergehen. Der Heitere verschließt die Augen nicht vor der konkreten Situation dieser Welt. Er verdrängt das Dunkle nicht. Aber er sieht alles aus einer anderen Perspektive heraus, letztlich aus einer Perspektive des Geistes, der auch die Finsternis durchschaut, bis er auf den leuchtenden Grund Gottes darin stößt. Er sieht alles aus der Perspektive seines Engels heraus, der die Wirklichkeit dieser Welt so sieht, wie sie ist, der es aber dennoch fertigbringt, sich mit seinen Flügeln über sie zu erheben und sie trotz aller Schwere mit einer inneren Heiterkeit anzuschauen. Einem heiteren Menschen kann man keine Angst einjagen. Er ruht in sich. Und so kann ihn nichts so leicht umwerfen. Wenn du mit einem so heiteren Menschen sprichst, dann kann sich auch dein Inneres aufheitern, dann siehst du auf einmal dein eigenes Leben und deine Umgebung mit anderen Augen. Es tut dir gut, in der Nähe eines heiteren Menschen zu sein. Du weißt, wie niederdrückend Menschen sein können, die alles durch ihre dunkle Brille sehen, die fixiert sind auf das Negative, das sie überall entdecken. Der heitere Mensch hellt dich auf. Du fühlst dich auf einmal leicht. So wünsche ich dir die Begegnung mit vielen Engeln der Heiterkeit. Und ich wünsche dir, dass dich der Engel der Heiterkeit innerlich aufhellt und dich heiter und klar, leuchtend und wolkenlos werden lässt, damit durch dich die Welt um dich herum heller und heiterer wird.

33
Der Engel der Hingabe

Kinder können sich mit ganzer Hingabe dem Spiel widmen. Sie lassen sich durch nichts dabei stören. Sie vergessen sich selbst im Spielen. Sie geben sich selbst weg hinein in das Spiel. Die Künstler der Barockzeit haben die Engel oft als Kinder dargestellt, die mit ganzer Hingabe spielen. Der Weihnachtsengel, den Matthias Grünewald auf dem Isenheimer Altar gemalt hat, geht ganz auf in seinem Gambenspiel. Für Grünewald, so meint der Kunsthistoriker Wilhelm Fraenger, sind Engel „Gefäß himmlischer Lust und Verzückung ..., ein Inbegriff von freudig sich vergießender Glückseligkeit". So sind die Engel in der Kunst Meister der Hingabe. Sie sind ganz im Augenblick, sie geben sich ganz dem hin, was sie gerade tun. Von einem jüdischen Rabbi sagte man nach seinem Tod: Das Wichtigste war für ihn das, womit er sich gerade abgab. Er war offensichtlich vom Engel der Hingabe eingeweiht in das Geheimnis, sich ganz dem Augenblick hinzugeben.

Ein Forscher kann sich seiner Arbeit mit Hingabe widmen. Er lässt nicht locker, bis er eine Lösung gefunden hat. Ein Handwerker kann mit Hingabe seinen Beruf erfüllen. Aber letztlich ist Hingabe auf zwei Bereiche besonders bezogen: die Hingabe in der Liebe, in der Sexualität, und die mystische Hingabe an Gott. Was Hingabe auch sonst in meinem Leben meint, das wird in der Liebeshingabe am deutlichsten. Der sexuelle Akt ist der Höhepunkt jeder Hingabe.

Da vergessen sich die Partner und lassen sich ganz auf den andern ein, in den andern hinein, da verschmelzen sie miteinander.

Wer sich hingibt, der gibt alles Festhalten an sich selbst auf. Er klammert sich nicht mehr an sich aus Angst, er könnte sich verlieren. Er kann sich verlieren, weil er weiß, dass er in liebende Arme fällt.

Was in der Sexualität seinen Höhepunkt findet, vollzieht sich in jeder Liebe. Wer einen anderen Menschen liebt, der gibt sich ihm hin. Er möchte gar nicht ganz bei sich bleiben. Er möchte beim andern sein. Er möchte sich ihm hingeben, weil er ihm alles bedeutet. Solche Hingabe ermöglicht die Erfahrung eines neuen Reichtums. Wer sich an den geliebten Menschen hingibt, wird von seiner Liebe so sehr beschenkt, dass er sich reicher und lebendiger und freier fühlt als zuvor. Viele Menschen können sich nicht hingeben. Sie sind voller Misstrauen, dass ihre Hingabe missbraucht werden könnte, dass sie sich selbst dabei verlieren könnten. Gerade Menschen, die alles kontrollieren möchten, die ihre Gefühle, ihre Partnerschaft, ihre Worte und Handlungen kontrollieren, aus Angst, einen Fehler zu machen und sich eine Blöße zu geben, sind unfähig, sich hinzugeben. Ihnen fehlt ein wesentlicher Aspekt gelingenden Lebens. Wer sich nicht hingeben kann, bleibt letztlich immer allein mit sich. Er kann einem andern nicht begegnen. Ohne Hingabe kann man nicht lieben und ohne Hingabe nicht leben.

Von Heiligen wird berichtet, dass sie sich ganz und gar Gott hingegeben haben. Sie haben sich Ihm zur Verfügung gestellt. Sie haben gebetet, dass Er mit ihnen machen könne, was er wolle. Wir tun uns schwer mit so einem Gebet radikaler Hingabe. Aber die Heiligen wurden durch solche Hingabe frei. Sie konnten voll Vertrauen in die Zukunft gehen. Sie wussten, dass alles, was Er mit ihnen vorhatte, letztlich gut würde. Berühmt ist das Gebet des Klaus von der Flüe: „O mein Gott und mein Herr, nimm mich mir und gib mich ganz zu eigen dir." Dieses Gebet hat ihn zum Mystiker werden lassen, ganz und gar durchlässig werden lassen für die Wirklichkeit jenseits unserer

Wirklichkeit. Und so konnte er für seine Zeitgenossen zum Friedens-
stifter werden, zu einem Engel, der ihnen neue Wege wies, weil er sich
herausgehalten hat aus den Streitigkeiten und alles von Gott hersehen
konnte.

Diese Hingabe heißt nicht, sich selbst aufgeben, sondern sich in
Ihm auf neue Weise wieder finden. Solche Hingabe, sagt Jesus, ist die
Voraussetzung, dass unser Leben Frucht bringen kann. Manchmal benutzen fromme Menschen ihr ganzes religiöses Tun, um an sich selbst
festzuhalten, an ihrer Sicherheit, an ihrem Heil. Aber dann wird ihr
Leben unfruchtbar. Und sie werden nie den Reichtum und die Lebendigkeit erfahren, die aus der Hingabe rühren.

Ich wünsche dir, dass dich der Engel der Hingabe unterweist in
der Kunst, dich an deine Aufgabe, an geliebte Menschen und an den,
der die Liebe selber ist, hinzugeben. Die Hingabe wird dich reich
beschenken. Sie führt dich in die Freiheit und in ein abgrundtiefes
Vertrauen, dass dein Leben gut wird. Du kannst dich fallen lassen.
Du fühlst dich getragen. Dein Muskelpanzer, den du durch dein Festhalten aufgebaut hast, fällt zusammen. Du spürst dich selbst lebendig
und weit. Dein Leben wird fruchtbar. Indem du dich hingibst, blühst
du auf.

34

Der Engel der Harmonie

Harmonisieren, das ist für die Psychologie eher ein Schimpfwort. Menschen, die keinen Konflikt durchstehen können, die keine Meinungsverschiedenheit vertragen, wollen alle Streitpunkte unter den Teppich kehren und harmonisieren. Sie stellen eine künstliche Harmonie her, die uns nicht weiterbringt. Denn die Probleme schwären weiter und werden von Neuem aufbrechen. Wer so harmonisiert, der hat Angst vor der Wahrheit. Er kann es nicht vertragen, wenn gestritten wird. Vielleicht ist das Streiten für ihn so negativ besetzt, weil er in seiner Kindheit oft genug erlebt hat, dass seine Eltern miteinander gestritten haben. Der elterliche Streit hat bei ihm die Angst ausgelöst, alleingelassen zu werden, die Geborgenheit der Eltern zu verlieren. So löst jeder Streit die Angst in ihm aus, der Boden, auf dem er steht, könne ihm entzogen werden. So harmonisiert er, versucht darzulegen, dass es doch eigentlich gar keinen Streit gäbe, dass doch alle recht hätten. Noch schlimmer harmonisiert der, der ständig moralische Appelle loslässt, dass man sich doch vertragen müsse, da wir uns als Christen doch alle lieben würden.

Der Engel der Harmonie will dir nicht das Harmonisieren beibringen, sondern er will dich zuerst einmal in der Kunst unterweisen, wie du harmonisch mit dir selbst leben kannst, wie du in Übereinstimmung mit dir leben und im Einklang mit dir sein kannst. Das griechische Wort *harmozein* heißt zusammenfügen. Du wirst eine innere Harmonie erlangen, wenn du alles, was in dir ist an Gegensätzen, zusammenfügst. Du nimmst deine Gegensätze wahr. Du lässt sie zu. So zerreißen sie dich nicht mehr. Du ordnest sie zueinander. Du lässt jedem Bereich in dir seinen eigenen Klang. So kann alles zusammenklingen. So entsteht Harmonie in dir. Du bist mit allem, was in dir ist, im Einklang. Du musst nichts in dir verdrängen und nichts von der Harmonie ausschließen. Alles in dir darf mit seinem Klang tönen. Immer wenn du Bereiche in dir unterdrücken möchtest, etwa deine Wut oder deine Angst, dann fehlen sie im Zusammenklang deiner Seele. Dann kann keine wirkliche Harmonie entstehen.

Wer mit sich im Einklang ist, der kann auch um sich herum Harmonie schaffen. Es ist aber keine künstliche Harmonie, die durch Harmonisieren entsteht, sondern durch Zusammenfügen aller Meinungen und Streitpunkte und aller Menschen, die die verschiedensten Standpunkte vertreten. Da wird nichts unter den Teppich gekehrt. Da werden die unterschiedlichen Standpunkte angeschaut und immer klarer formuliert. Da wird jede Meinung geachtet und nicht gleich bewertet. Da darf jeder mit seinem Standpunkt ertönen. Da wird offen miteinander diskutiert. Da werden die Probleme ausdiskutiert, bis sich alles zusammenfügt, bis alle eine Lösung akzeptieren können, mit der sie leben können, die ihnen die eigene Stimmigkeit nicht zerstört. Da wird nicht künstlich harmonisiert, sondern ein Weg gefunden, auf dem man trotz der kontroversen Standpunkte gemeinsam weitergehen kann.

Harmonische Menschen werden auch ein Arbeitsklima um sich herum schaffen, in dem alle gerne arbeiten. Da entsteht nach jeder Dissonanz wieder ein Zusammenklingen. Menschen, die mit sich im Einklang sind, brauchen keine Intrigen, um andere gegeneinander aufzuhetzen. Sie erzeugen um sich ein Klima der Klarheit und des Zusammenklingens. Da weiß sich jeder geachtet. Jeder darf mitklingen in der großen Symphonie der Firma oder der Gemeinschaft. Solche

Engel der Harmonie sind ein Segen für jede menschliche Gemein-schaft. So wünsche ich dir, dass dich der Engel der Harmonie selbst zu einem Engel der Harmonie für andere formen kann, dass sie den Mut finden, ihren ganz persönlichen Klang erklingen zu lassen.

35
Der Engel der Klarheit

Manche Menschen können in einer Diskussion ganz klar formulieren, worum es eigentlich geht. Sie hören sich die Argumente an. Sie spüren die Emotionen, die im Gespräch mitspielen. Und sie geben in aller Klarheit an, was das eigentliche Problem ist und wo eine Lösung liegen könnte. Oder in einem persönlichen Gespräch sagen sie dir ganz klar, was du bisher übersehen hast, was deine wirklichen Blockaden sind und was du ändern müsstest, damit es besser wird mit dir. Sie haben das nicht gelernt. Sie sind nicht unbedingt Psychologen. Aber sie haben einen klaren Blick für das Eigentliche. Sie sagen nicht viel. Aber wenn sie etwas sagen, trifft es den Nagel auf den Kopf. Sie klären etwas auf, was in dir noch trübe war und undurchsichtig. Sie sind für dich ein Engel der Klarheit. Sie gleichen den Engeln bei Filippino Lippi, die in ihren Gesichtern eine helle und durchsichtige Klarheit widerspiegeln.

Der Engel der Klarheit möchte aber auch zu dir kommen und die Veranlagung, die du schon in dir hast, hervorlocken. Du hast sicher schon selbst einmal die Erfahrung gemacht, dass du klar durchgeblickt hast, dass dir auf einmal alles klar war. Für die Alten ist dies das Geheimnis der Erleuchtung, dass ich auf einmal durchblicke. Ich erkenne nichts Bestimmtes. Aber auf einmal ist mir alles klar. Ich kann Ja sagen zu meinem Leben. Ich spüre, es ist alles gut. Ich sehe nicht etwas Konkretes, sondern ich blicke durch, ich sehe auf den Grund, in dem sich alles aufklärt. Solche Erfahrungen sind immer ein Geschenk an uns. Da verklärt sich dann alles. Da scheint das Eigentliche durch das Schemenhafte hindurch. Da kommen wir in Berührung mit dem wahren Sein und mit dem ursprünglichen und unverfälschten Bild unserer eigenen Person.

Du kennst sicher auch die Erfahrung, dass dir auf einmal klar geworden ist, was du tun sollst, was deine persönliche Berufung ist, wie dein Weg weitergehen sollte. Du hast klar erkannt, wie es um dich steht. Du hast dich selbst auf einmal verstanden. Vielleicht hast du lange über dich nachgegrübelt und bist nicht weitergekommen. Aber auf einmal kam so aus heiterem Himmel ein Lichtblick, der dir alles aufgeklärt hat. Da hat dich der Engel der Klarheit besucht und dir die Augen geöffnet für das Eigentliche. Oder du bist vor einer Entscheidung gestanden. Du hast lange nicht gewusst, wie du dich entscheiden solltest. So viele Gründe haben dafür und dagegen gesprochen. Es gab so viele Möglichkeiten, zwischen denen du wählen konntest, etwa bei der Berufswahl. Und auf einmal war dir ganz klar, was du in Angriff nehmen möchtest. Da hast du ganz deutlich den Engel gespürt, der in deinem zwiespältigen Herzen Klarheit geschaffen hat. Oder du bist in eine Situation verwickelt worden, die völlig undurchsichtig war. Du hast nicht durchgeblickt, was da eigentlich gespielt wird. Und auf einmal hat sich dir alles aufgeklärt. Das war dann für dich eine Engelerfahrung.

Der Engel der Klarheit möchte dir helfen, dich selbst klar zu erkennen, dir selbst auf den Grund zu sehen. Wenn du darin Übung hast, dann kannst du auch ein Engel der Klarheit für andere werden. Dann kannst du in einem Gespräch auch auf einmal klar sehen, was der andere eigentlich bräuchte, was ihm guttäte. Du kannst Klarheit in seine wirren Gedanken bringen. Er wird dir dafür dankbar sein. Solche Klarheit kann man nicht einfach erlernen. Da brauchst du schon den Engel der Klarheit, der dich darin einführt. Du kannst darum bitten, dass dir der Engel der Klarheit zu Hilfe kommt, wenn ein Freund oder eine Freundin in einer schwierigen Situation dich um ein

Gespräch bittet. Dann gehst du nicht mit einem Leistungsdruck in so ein Gespräch, als ob du unbedingt helfen oder die Probleme des andern lösen müsstest. Du kannst dich gelassen auf das Gespräch einlassen, weil du darauf vertraust, dass dir der Engel der Klarheit zu Hilfe kommt und dir schon eingibt, was aufklärt und weiterhilft. Vielleicht wirst du lange nichts sagen können, weil du nichts verstehst. Aber dann kommt so ein leiser Impuls in dir hoch. Du sagst etwas und es trifft genau. Dann weißt du, dass dir der Engel der Klarheit zu Hilfe gekommen ist.

36
Der Engel der Langsamkeit

„Die Eile hat der Teufel erfunden", das weiß ein türkisches Sprichwort. Wir sprechen von „himmlischer Ruhe". Der Engel der Langsamkeit kann uns an diese paradiesische Qualität erinnern. Der Roman „Die Entdeckung der Langsamkeit" ist ein Kultbuch geworden. Offensichtlich hat der Autor Sten Nadolny den Nerv – und eine tiefe Sehnsucht – unserer Zeit getroffen. Nicht nur die Nerven vieler Zeitgenossen liegen blank unter dem ständigen Stress. Auch unsere Seelen nehmen Schaden und leiden unter der Hektik, unter dem „gnadenlosen" Druck einer Ökonomisierung der Zeit. Wenn immer alles schneller gehen muss, wenn man im Arbeitsablauf jede Minute einsparen möchte, wenn es keine Pausen mehr geben darf, wenn alles immer noch mehr beschleunigt wird, dann braucht es das Gegengewicht: die Entdeckung der Langsamkeit. Dann gibt es auch viel wiederzuentdecken durch Langsamkeit und Ruhe. Statt Beschleunigung täte uns Entschleunigung not.

Wenn wir einen Panther in einem Käfig beobachten, dann bewundern wir, wie souverän und langsam er seine Bewegungen macht. Wir wissen, dass er im nächsten Augenblick auch unglaublich schnell sich auf ein Opfer stürzen kann. Aber er hat Zeit, er lässt sich Zeit. Bei uns ist Zeit Geld. Wir müssen möglichst viel Zeit einsparen, um sie für Wichtigeres frei zu haben. Aber die Frage ist: Was ist dann für uns wichtiger? Mit dem, was uns dann übrig bleibt, können wir oft genug nichts anfangen. Meist hetzen wir. Aber wohin? Wir sind Opfer unserer eigenen Hektik geworden. So schleicht sich die Hektik auch in unsere Freizeit ein. Auch da müssen wir möglichst viel in möglichst kurzer Zeit erleben. Aber bei dieser permanenten Beschleunigung verlernen viele Menschen, überhaupt noch etwas zu spüren und zu erleben. Sie fühlen sich nur am Leben, wenn um sie herum viel Trubel ist. Aber das Leben selbst fühlen sie nicht mehr. Für sich selbst, für ihren Atem, für ihren Leib, für die Regungen ihres Herzens haben sie kein Gespür mehr. „Müßiggang ist aller Liebe Anfang", das hat die Dichterin Ingeborg Bachmann einmal gesagt.

Solchen Müßiggang kann man beim ganz alltäglichen Gehen einüben. Langsam gehen, bewusst jeden Schritt spüren, sich nicht antreiben lassen – durch nichts –, das lässt uns ganz im Augenblick sein, das führt zu intensivem Erleben und zu innerem Frieden. Langsamkeit hat eine eigene Schönheit. Wenn eine Frau langsam durch die Straße schlendert, dann schauen ihr alle Männer nach. Sie kann es sich leisten, langsam zu gehen. Sie genießt ihre Schritte. Die Frau, die schnellen Schritts durch die Fußgängerzone geht, will nicht gesehen werden. Sie möchte möglichst schnell durch die Menschenmenge hindurch, um ans Ziel zu gelangen. Sie ist nicht wirklich auf dem Weg, sie ist nicht in ihrem Leib. Sie ist nur noch zielorientiert und verliert dabei die Fähigkeit, sich selbst zu spüren, sich selbst zu feiern. Für die stoische Philosophie ist unser Leben ein permanentes Fest. Wir feiern, dass wir Menschen sind mit einer göttlichen Würde. In der Langsamkeit unserer Bewegungen wird etwas von diesem Fest erfahrbar. Wir fassen die Dinge langsam an, wir schreiten langsam. Wir lassen uns Zeit für ein Gespräch. Wir lassen uns Zeit zum Essen. Wir essen ganz langsam und bewusst. Und auf einmal merken wir, wie gut es schmeckt. Wir können genießen. Wir feiern auch ein Fest, wenn wir ganz langsam eine Scheibe Brot kauen.

Der Engel der Langsamkeit möchte dich einführen in die Kunst, zu sein, intensiv zu leben. Probiere es einfach einmal, bewusst langsamer zu gehen, wenn du in der Arbeit von einer Bürotür zur andern willst. Versuche, beim Spazierengehen bewusst jeden Schritt zu spüren, wahrzunehmen, wie du die Erde berührst und sie wieder lässt. Versuche, langsam und bewusst deine Tasse in die Hand zu nehmen. Zieh dich am Abend langsam aus. Du wirst sehen, wie dann alles zum Symbol wird, wie das Ablegen der Kleider zum Ablegen des Tages mit seiner Mühe werden kann. Versuche, dich morgens langsam zu waschen, das kalte Wasser zu genießen, das dich erfrischt. Und ziehe dich langsam an. In der Liturgie ist dieses langsame Anziehen vorgesehen. Da sagt der Priester beim Anlegen des Messgewandes: „Ich ziehe an die Gewänder des Heiles." So kannst du dich bewusst freuen über die Kleider, die du anziehst, mit denen du dich für den Tag rüstest, mit denen du dich schmückst. Und du kannst Gott danken mit dem Psalm 139: „Ich danke Dir, dass Du mich so wunderbar gestaltet hast" (Ps 139,14). So will dich der Engel der Langsamkeit zu einem bewussten und achtsamen Leben anleiten und dich in die Kunst einweisen, dein Leben als beständiges Fest zu feiern.

37

Der Engel des Rückzugs

Im 4. Jahrhundert entstand in der Kirche eine große Rückzugsbewegung. Es waren die Mönche, die den Lärm der Welt satthatten und die enttäuscht waren von der Verbürgerlichung der Kirche. Sie zogen sich in die Wüste zurück, um allein für sich zu leben, um getrennt von der Welt sich der eigenen Wahrheit zu stellen und ihrer tiefsten Sehnsucht nachzugehen, der Sehnsucht, im Gebet Gott zu erfahren und mit ihm eins zu werden. Erstaunlich war, dass gerade die, die sich zurückgezogen haben, eine unwahrscheinlich starke Wirkung auf die Welt hatten. Scharen von Pilgern und Hilfesuchenden machten sich von Rom und Athen aus auf den Weg in die Wüsten Ägyptens, um bei den Mönchsvätern Rat zu holen. Sie spürten offensichtlich, dass diese Menschen, die den Mut hatten, sich zurückzuziehen und sich ihrer Wahrheit vor Gott zu stellen, mehr vom Menschsein verstanden als die Philosophen und Ärzte, die mitten im Trubel der Welt standen.

Von Zeit zu Zeit braucht es wohl jeder von uns, dass wir uns einmal zurückziehen vom Lärm und von der Hektik des Alltags. Sonst gehen wir auf in dem Trubel. Wir funktionieren nur, aber wir leben nicht mehr, wir sind nicht mehr wir selbst. Wenn du dich an einen stillen Ort zurückziehst, so kann es sein, dass du den Lärm deiner Welt mitnimmst, dass es gar nicht so angenehm ist, mit all dem konfrontiert zu sein, was da in dir hochkommt. Und es braucht einige

Zeit, bis du dich freigemacht hast von den Problemen des Alltags. Dann erst beginnt der innerliche Rückzug. Du nimmst dich zurück, trittst zurück von dem, was du tust, was dich beschäftigt. Du kommst mit dir in Berührung. Du entdeckst, was dich in der Tiefe deines Herzens bewegt. Du erkennst deine tiefere Wahrheit. Die ist manchmal schmerzlich. Aber wenn du sie anschaust und sie Gott hinhältst, der dich so annimmt, wie du bist, dann erfährst du zugleich eine innere Freiheit und Freude. Du spürst deine Einmaligkeit und Einzigartigkeit. Du spürst, dass du wertvoll und wichtig bist, weil du dieser Welt eine Spur einprägen kannst, die nur du allein hinterlassen kannst. Und vielleicht entdeckst du dann in dir die innere Quelle, die in dir sprudelt und die nie versiegt, weil sie eine göttliche Quelle ist, die Quelle des Heiligen Geistes.

Der Engel des Rückzugs möchte dir auch Mut machen, dich manchmal von deinem Ehepartner oder von deiner Freundin zurückzuziehen. Wenn du ständig mit einem anderen zusammen bist, fühlst du dich bald eingeengt. Dann klebt ihr aneinander. Und das tut euch beiden nicht gut. Du brauchst die Weite und Freiheit zwischen euch, damit jeder atmen und jeder seine Besonderheit einbringen kann in die Gemeinschaft. Manchmal hörst du vielleicht Vorwürfe von deiner Frau, von deinem Mann, dass du dich zurückziehst. Aber ich kenne viele, die das probiert haben. Sie haben erfahren, dass es auch ihrem Miteinander gutgetan hat. Dann bist du wieder ganz du selbst. Es ist wie eine Kur, in der du wieder Anschluss findest an deine eigenen Ressourcen. Dann wird auch das Miteinander wieder lebendig. Du hast wieder Fantasie und Lust, mit deiner Frau, mit deinem Mann, mit deinem Freund, mit deiner Freundin Neues zu probieren, neu auf sie, auf ihn einzugehen. Wenn du dich zurückziehst, dann spürst du, dass du dich nicht allein von deinem Partner her definieren kannst, sondern dass du einen tieferen Grund brauchst, deine eigene Quelle, Gott, der dich zu einem einmaligen und einzigartigen Menschen geformt hat. So wünsche ich dir, dass dir der Engel des Rückzugs anzeigt, wann es für dich wieder an der Zeit ist, dich zurückzuziehen. Und ich wünsche dir, dass du dann erfährst, dass du nicht allein bist, dass der Engel des Rückzugs bei dir ist und dir einen neuen Horizont deines Lebens eröffnet.

38

Der Engel der Achtsamkeit

Der Engel der Achtsamkeit ist verwandt mit dem Engel der Langsamkeit. Achtsamkeit ist heute ein beliebtes Wort spiritueller Autoren. Vor allem der buddhistische Mönch aus Vietnam, Thich Nhat Hanh, spricht immer wieder von der Achtsamkeit, von der Kunst, achtsam zu leben. Für ihn besteht darin die ganze Weisheit des Buddhismus, in jede einzelne alltägliche Verrichtung die Energie der Achtsamkeit fließen zu lassen. Schon als junger Mönch lernte er, alles im Alltag mit Achtsamkeit zu tun. Seine ganze Askese und sein tägliches Training bestanden darin, bei allem achtsam zu sein, beim Atmen, beim Gehen, beim Spülen, beim Händewaschen. Bei jedem Händewaschen sprach er: „Wasser fließt über diese Hände. Ich will es sorgsam gebrauchen, um unseren kostbaren Planeten zu erhalten."

Achtsamkeit kommt von achten, beachten, hochachten, aufmerksam bei etwas sein. Und es hat zu tun mit Erwachen. Wer achtsam auf seinen Atem achtet, wer achtsam seine Schritte lenkt, wer achtsam den Löffel in die Hand nimmt, wer ganz bei dem ist, was er gerade tut, der wacht auf. Buddha heißt ja der Erwachte. Und er meint, viele von uns würden nur im Schlaf dahinleben. Sie merken gar nicht, was sie tun. Sie haben sich Illusionen gemacht über ihr Leben. Aber sie sind nicht in Berührung mit dem wirklichen Leben. Die Achtsamkeit möchte uns in Kontakt bringen mit den Dingen, mit den Menschen.

Ein Zen-Mönch wurde einmal gefragt, was er denn für eine Meditationspraxis habe. Er antwortete: „Wenn ich esse, dann esse ich. Wenn ich sitze, dann sitze ich. Wenn ich stehe, dann stehe ich. Wenn ich gehe, dann gehe ich." Da meinte der Frager: „Das ist doch nichts Besonderes. Das tun wir doch alle." Da sagte der Mönch: „Nein, wenn du sitzt, dann stehst du schon. Und wenn du stehst, dann bist du schon auf dem Weg."

Darin besteht die Übung der Meditation, einfach auf das zu achten, was ich gerade tue. Dann merke ich, wie die Achtsamkeit eine spirituelle Kraft ist, die meinem Leben eine neue Würze gibt. Da habe ich das Gefühl, dass ich selber lebe, anstatt gelebt zu werden. Und ich spüre, dass das Leben ein Geheimnis ist, voller Tiefe, voller Lebendigkeit, voller Freude.

Achtsamkeit hat mit Hochachtung, mit Wertschätzung zu tun. Ich gehe achtsam um mit meinem Atem, weil ich darin den Atem Gottes spüre, der mich mit Leben erfüllt, der meinen ganzen Leib durchdringt mit seiner heilenden Wärme. Ich nehme mein Handwerkszeug achtsam in die Hand, weil ich darin die Mühe des Menschen sehe, der es geformt hat. Ich gehe achtsam mit den Blumen in meinem Zimmer um, weil ich darin das Geheimnis der Schöpfung und den Schöpfer selber berühre.

Achtsamkeit ist nicht nur für die Zen-Mönche, sondern auch für die westlichen Mönche das Kennzeichen eines spirituellen Menschen. Auch der heilige Benedikt fordert seine Mönche auf, sorgfältig und achtsam mit dem Werkzeug des Klosters umzugehen. Da ist alles kostbar, alles ist heiliges Altargerät. Aber auch wir Mönche vergessen oft die Achtsamkeit. Auch wir gehen oft recht unbewusst mit unseren Büchern, mit dem Essgeschirr, mit dem Werkzeug um. Und auch wir schlagen die Türe oft unbewusst zu. So brauchen wir wohl alle in unserer täglichen Unachtsamkeit und Unbewusstheit den Engel der Achtsamkeit, der uns immer wieder anrührt, uns aus dem Schlaf weckt und uns darauf aufmerksam macht, ganz im Augenblick zu sein, achtsam umzugehen mit dem, was wir gerade tun.

Achtsamkeit in allem Tun, das gibt meinem Leben einen zarten Hauch. Da bin ich ganz gegenwärtig, ganz eins mit mir und den Dingen. Aber diese Achtsamkeit ist uns nicht einfach geschenkt. Sie muss täglich geübt werden. Aber sie wird zum Gradmesser meiner Spiritualität. Ich kann noch so fromme Worte machen oder noch so schöne spirituelle Vorträge halten, wenn die Achtsamkeit fehlt, ist alles Schall und Rauch. Ich wünsche dir, dass dich der Engel der Achtsamkeit immer tiefer in die Kunst des Lebens einführt, damit du die Lust am Leben entdeckst und alles mit Aufmerksamkeit und Hochachtung tust, weil alles wertvoll, weil alles von Gott wunderbar geschaffen und von Seinem Geist beseelt ist.

39
Der Engel der Milde

Für mich ist das milde Herbstlicht immer ein Bild für einen Menschen, der auf sich selbst, auf seine Fehler und Schwächen, aber auch auf die Menschen und ihre Menschlichkeiten mit einem milden Blick sieht. Mit seinem milden Blick taucht er seine eigene Wirklichkeit und die der Menschen um sich herum in ein mildes Licht. Im milden Herbstlicht wird alles schön. Da leuchten die bunten Blätter am Baum in ihrer ganzen Schönheit. Da ist aber auch der dürre Baum schön. Da bekommt alles seinen eigenen Glanz. Ich kenne alte Menschen, von denen so eine Milde ausgeht. In ihrer Nähe bin ich gerne. Mit ihnen unterhalte ich mich gerne. Da geht eine Erlaubnis aus, dass ich so sein darf, wie ich bin, und eine Zustimmung: „Es ist doch alles gut." Das Leben hat diese alten Menschen oft hin- und hergeschüttelt. Sie sind durch Höhen und Tiefen gegangen. Aber jetzt im Herbst ihres Lebens schauen sie mit einem milden Blick auf alles. Es ist ihnen nichts Menschliches fremd geblieben. Aber sie verurteilen nichts. Sie lassen es im milden Herbstlicht leuchten, so wie es halt geworden ist.

Das mittelalterliche Wort milde kommt von mahlen. Mild heißt also „zermahlen, fein, zart, weich, sanft". Milde ist man also kaum von Natur aus. Milde setzt den Prozess des Gemahlenwerdens voraus. Erst dann wird das harte Korn weich und mollig. Mollig kommt von *mola*, der Mühlstein. Die milden Alten sind durch die Mühle des Lebens zermahlen worden. Sie haben Krisen erlebt, sie waren verzweifelt. Sie sind durch dunkle Engpässe hindurchgegangen. Sie haben sich mit ihren Fehlern und Schwächen abgekämpft und haben immer wieder verloren. Aber sie sind immer wieder aufgestanden und haben weitergekämpft. Der Mühlstein ihres Schicksals hat sie weichgerieben. Sie haben nicht rebelliert gegen diesen Mühlstein. Sie haben Ja dazu gesagt, gemahlen zu werden. Und so sind sie mild geworden. Vielleicht haben sie die Erfahrung des Engels gemacht, die Werner Bergengruen in seinem Engel-Gebet ausgedrückt hat:

> *Bruder Engel, jede Nacht,*
> *eh mich noch Dämonen fingen,*
> *haben, Hüter, deine Schwingen*
> *Morgenröten angefacht ...*
> *Hast mich brüderlich getragen*
> *quer durch rotes Höllenland,*
> *hast an schroffer Felsenwand*
> *Stufen mir herausgeschlagen,*
> *Strick und Kugeln abgewehrt,*
> *Mauern meinem Gang gespalten,*
> *und wie oft ich dich beschwert,*
> *immer mir die Treu gehalten,*
> *unbedankt und ungegrüßt.*
> *Engel, sei du mein Geleit,*
> *alle Straßen dämmern wüst.*
> *Engel, reiß mich aus der Zeit.*
>
> *Engel, führ mich, wie es sei,*
> *einmal noch. Dann bist du frei.*
> *Nimm von meiner Brust den Stein.*
> *Lass mich, Engel, nicht allein.*

Offensichtlich hat der Dichter erfahren, dass der Engel der Milde ihn durch alle Höllen und Klüfte hindurchgetragen, gemahlen und so milde gemacht hat.

Milde und Sanftmut gehören zusammen. Für den Mönchsschriftsteller Evagrius Ponticus ist die Sanftmut das Kennzeichen des spirituellen Menschen. Askese, die den Menschen nur hart und selbstgerecht macht, ist wertlos. Nur wer sanftmütig ist wie David und Jesus, der hat etwas verstanden vom geistlichen Weg. Wer hart über andere urteilt, der hat seine Fehler und Schwächen nicht wirklich überwunden. Er hat sie nur unterdrückt. Er hat mit Gewalt gegen sie gekämpft. Und nun geht er mit der gleichen Gewalt gegen die andern vor. Er projiziert seine unterdrückten Leidenschaften auf die andern. Er ist nicht durch die Mühle der Wahrheit gemahlen worden. Und so ist er nie weich und zart und milde geworden.

Ich wünsche dir, dass du in deinem Leben so manchem Engel der Milde begegnen darfst. Du wirst spüren, wie dir solche Menschen guttun. Und vielleicht kennst du schon solche milden Menschen. Suche ihre Nähe, sprich mit ihnen, frag sie, wie sie so geworden sind. Dann kannst du von ihnen den milden Blick lernen, der dein Leben in das sanfte Licht des Herbstes taucht, der allem in dir, auch dem Scheitern, eine eigene Würde und Schönheit schenkt. Und wenn du so in die Schule milder Menschen gegangen bist, kannst du vielleicht selbst zu einem Engel der Milde werden für die Menschen, die hart gegen sich wüten, die sich selbst verurteilen und die über sich und ihre Fehler verzweifeln. Du brauchst ihnen gar nicht viel zu sagen. Vielleicht spüren sie an deinem milden Blick, dass sie auch auf ihr Leben mit anderen Augen sehen können, nicht mit einem harten und beurteilenden, sondern mit einem milden und sanften Blick, der alles in das milde Licht des Herbstes taucht.

40
Der Engel der Demut

Das deutsche Wort Demut kommt vom althochdeutschen *diomuoti* „dienstwillig". Dienen hat im germanischen Gefolgschaftswesen die Bedeutung „Knecht sein, Läufer sein für jemanden". Mit diesem Wort haben die Germanen das lateinische Wort *humilitas* übersetzt. Dabei haben sie das lateinische Wort auf ihre Weise interpretiert. Für sie besteht Demut in dem Mut, zu dienen, dem Leben zu dienen, für andere einzutreten, für andere zu laufen. In dieser Bedeutung klingt die Bereitschaft mit, von sich selbst und seinen Bedürfnissen abzusehen, frei zu werden von sich selbst, um sich für andere einzusetzen. Aber mit dieser Deutung ist nicht der biblische Begriff der *humilitas* in seiner ganzen Fülle getroffen, sondern eben nur ein Aspekt.

Humilitas kommt von *humus*, Erde, Boden. *Humilitas* meint den Mut, seine eigene Erdhaftigkeit anzunehmen, den Mut, uns mit unserer Wahrheit auszusöhnen, dass wir von der Erde genommen sind, dass wir Menschen sind mit Fleisch und Blut, mit Trieben und ganz vitalen Bedürfnissen. Ein Mensch, der diesen Mut nicht aufbringt, seine eigene Wahrheit anzuschauen, ist blind. Das zeigt uns die berühmte Geschichte von der Heilung des Blindgeborenen in Joh 9. Da ist ein Mensch von seiner Geburt an blind. Offensichtlich hat er eine so schreckliche Kindheit erlebt, dass ihm nichts anderes übrig blieb, als die Augen vor der Wirklichkeit zu verschließen. Er hat sich seine eigene Welt zurechtgemacht, um zu überleben. Er hat sich gegenüber den negativen Bildern, die andere ihm übergestülpt haben, ein hohes Idealbild zurechtgelegt. Aber dieses Idealbild stimmte nicht überein mit seiner eigenen Realität. So musste er die Augen davor verschließen. Jesus heilt ihn nun, indem er auf den Boden, auf die Erde, auf den *humus* spuckt und mit Speichel einen Erdbrei zusammenrührt. Diesen dreckigen Brei schmiert er dem Blinden in die Augen, um ihm gleichsam zu sagen:

„Du bist doch auch von der Erde genommen. Söhne dich aus mit dem Dreck, der in dir ist. Nur dann kannst du wieder sehen. Du brauchst den Mut zur Wahrheit, zu deiner Menschlichkeit, zu deiner Erdhaftigkeit. Dann wirst du mit offenen Augen durch die Welt gehen können."

Demut als Mut zur eigenen Wahrheit ist für die Mönche Kennzeichen echter Spiritualität. Wen der geistliche Weg überheblich gemacht hat, wer sich über die andern stellt, die da von ihren Launen und Trieben beherrscht werden, der ist seiner eigenen Wahrheit noch nicht begegnet. Hermann Hesse schildert das in seinem Buch „Siddharta" in faszinierender Weise. Da ist Siddharta, der sich zuerst in harter Askese übt, darin aber scheitert. Dann zieht er in die Welt hinaus und lebt alle seine Begierden aus. Schließlich ist er dieses Leben satt und zieht sich wieder zurück. Am Fluss bekommt er auf einmal die große Erleuchtung. Da sieht er die „Kindermenschen", wie sie auf einem Boot den Fluss überqueren. Früher hätte er sich über sie erhoben. Doch jetzt fühlt er mit ihnen. Er spürt eine tiefe Einheit mit ihnen. Er ist genauso wie sie. Er hat Mitleid mit ihnen, aber auch Hoffnung. Er verurteilt keinen, sondern er weiß: Für sie alle gilt die größere Liebe, die alles verwandeln kann. Der Engel der Demut hat ihn in seine Schule genommen und ihn gelehrt, dass er nur dann die Einheit mit den Menschen und mit sich selbst erfahren kann, wenn er bereit ist, zu ihnen und zu seiner eigenen Wahrheit hinabzusteigen.

Demütige Menschen sind nicht Menschen, die sich selbst kleinmachen, die sich vor allen Aufgaben drücken, weil sie sie sich nicht

zutrauen. Es sind nicht bucklige Menschen, die in falscher Unterwür-
figkeit sich selbst entwerten. Sondern es sind Menschen, die den Mut
zu ihrer eigenen Wahrheit haben und daher bescheiden auftreten. Sie
wissen, dass alle Abgründe dieser Welt auch in ihnen sind. Daher verurteilen sie niemanden. Weil sie sich zur Erde ihrer Wahrheit gebeugt
haben, können sie zu Engeln der Demut werden, die gebeugte und
gescheiterte Menschen aufrichten.

Humilitas hat auch mit Humor zu tun. Der Demütige hat Humor. Er kann über sich lachen. Er hat Abstand zu sich. Er kann gelassen auf sich schauen, weil er sich erlaubt hat, so zu sein, wie er ist,
ein Mensch der Erde und ein Mensch des Himmels, ein Mensch mit
Fehlern und Schwächen und zugleich liebenswert und wertvoll. Ich
wünsche dir, dass dir der Engel der Demut den Mut schenkt, dich in
deiner Erdhaftigkeit und Menschlichkeit anzunehmen und zu lieben.
Dann wird von dir Hoffnung und Zuversicht ausgehen auf alle, denen du begegnest. Der Engel der Demut wird um dich herum einen
Raum schaffen, in dem Menschen den Mut finden, hinabzusteigen
in ihre Wirklichkeit, um geradeso aufzusteigen zum wahren Leben.

41
Der Engel der Erfüllung

Erfüllung kann im Deutschen verschiedene Bedeutungen haben. Da sehen wir uns, dass unsere Wünsche und unsere Sehnsüchte erfüllt werden. Dabei wissen wir, dass kein Mensch unsere tiefsten Sehnsüchte erfüllen kann. Wenn wir einen Menschen lieben, dann fühlen wir uns zwar ganz erfüllt von seiner Liebe, aber zugleich wächst in uns die Sehnsucht nach einer absoluten Liebe, nach absoluter Geborgenheit, nach absolutem Halt. Und kein endlicher Mensch kann uns Absolutes schenken. Seit jeher haben die Menschen Engel zu Hilfe gerufen, wenn sie wollten, dass ihre Wünsche in Erfüllung gehen. Sie haben gespürt, dass sie sich nicht alles selbst erfüllen können. Wir können uns zwar den Wunsch nach einem neuen Kleid oder einem neuen Auto erfüllen, wenn genügend Geld auf dem Konto steht. Aber für den Wunsch nach gelungener Freundschaft, nach Gesundheit, nach einer für uns passenden Arbeitsstelle brauchen wir den Engel der Erfüllung. Das hängt von höheren Mächten ab, die wir nicht in der Hand haben. Da wendet sich jeder gerne an seinen Engel, dass er ihm doch beistehen und ihm erfüllen möge, wonach er sich mit seinem ganzen Herzen sehnt.

Erfüllen heißt auch: ausführen und vollenden. Der Engel der Erfüllung will dich dabei stärken, das, was du dir vorgenommen hast, auch auszuführen. Es tut dir nicht gut, wenn du nur halbe Sachen machst, wenn du nur etwas anfängst, es aber nicht zu Ende führst. Das gilt für die Reparaturarbeiten in deinem Haus. Nichts ist schlimmer als ein halb renoviertes Zimmer, das nie fertig wird. Das gilt für den Brief an einen Freund oder eine Freundin, den du gerade begonnen hast. Ein Brief, der nicht zu Ende geschrieben wird, ärgert dich nur. Da brauchst du den Engel der Erfüllung, der dir die Kraft und Konsequenz schenkt, das Angefangene auch abzuschließen. Erst dann kannst du dich mit neuer Kraft dem nächsten Projekt zuwenden. Angefangene, aber nicht vollendete Sachen entmutigen dich. Du kannst nicht nur immer von Bruchstücken leben. Du sehnst dich auch danach, dass etwas einmal ganz und vollendet ist.

Und das ist die nächste Bedeutung von Erfüllung: Vollendung. Das griechische Wort für Vollendung heißt *telos*. Es bedeutet Ziel, Ganzsein, Vollendung, Vollkommenheit. Im Johannesevangelium wird mit diesem Wort immer wieder die Liebe Jesu Christi beschrieben. „Da er die Seinen liebte, liebte er sie bis zur Vollendung" (Joh 13,1). Und als er am Kreuz stirbt, spricht er: „Es ist vollendet, vollbracht" (Joh 19,30). Dieses Wort erinnert an den Satz, mit dem man bei den Mysterienkulten das heilige Geschehen abschloss. Vollendung meint dabei die Einweihung in das Geheimnis Gottes. Gott allein ist vollendet und vollkommen. Wenn wir von einem Menschen sagen, dass er ein erfülltes Leben gelebt habe, dass er erfüllt und vollendet sei, dann ist immer mitgemeint: er hat teil an der Fülle Gottes, an der Vollendung, die allein Gott zu schenken vermag. Der Engel der Erfüllung möchte dich einführen in das Geheimnis der Vollendung und damit in das Geheimnis Gottes. In allem, was du vollendest, leuchtet etwas auf von der Vollendung, die in Gott ist. Da bekommst du eine Ahnung davon, dass dein Leben ganz wird. Manchmal hast du vielleicht den Eindruck, dass dein Leben nur aus vielen Bruchstücken besteht, die du nicht zusammenbringst. Die jüdischen Mystiker haben gerade in ihrer Frömmigkeit und der Deutung eigenen Leidens die Erfahrung gemacht: „Nur ein zerbrochenes Herz ist ein ganzes Herz." Der Engel der Erfüllung will dir zeigen, dass sich die vielen Bruchstücke deines Lebens zusammenfügen, dass sie eine vollendete Ganzheit ergeben, dass dein Leben ganz wird und heil, erfüllt und vollständig. Du bist nicht mehr hin- und hergerissen zwischen den widerstrebenden Wünschen und Bedürfnissen in dir. Du bist ganz. Du bist erfüllt. Der Engel der Erfüllung fügt in dir zusammen, was zerrissen ist, und vollendet, was bruchstückhaft ist. Er erfüllt deine tiefste Sehnsucht nach Einssein, nach Vollendung.

42

Der Engel der Ausdauer

Viele nehmen sich zu Beginn eines Jahres oder zu Beginn einer Woche oder eines Tages etwas vor. Sie sind begeistert von einem Buch, das sie gelesen haben. Daraufhin möchten sie ihr Leben sofort ändern. Oder sie haben in einem Vortrag gehört, wie sie besser mit ihrer Zeit umgehen können, wie sie an ihren Fehlern arbeiten können. So machen sie sich voller Schwung ans Werk. Aber schon nach kurzer Zeit erlahmt ihr Elan. Es wird zu beschwerlich, und sie geben auf. Auf einmal macht es keinen Spaß mehr, an sich zu arbeiten. Vor allem sehen sie keinen Erfolg. Es hat ja doch alles keinen Zweck. Ich weiß ja, dass ich nie weiterkomme. Aber indem sie einen Vorsatz aufgeben, geben sie ein Stück von sich selbst auf. Sie trauen sich selbst nicht mehr. Sie resignieren. Und so schleicht sich allmählich ein Gefühl der Sinnlosigkeit ein. Es hat doch alles keinen Sinn. Es bleibt doch alles beim Alten. Ich kann mich nicht ändern. Ich kann mich nicht besser machen. Der Altvater Poimen sagte einem jungen Mönch, der von solch resignierenden Gedanken erfüllt war: „Welchen Nutzen hat es, sich einem Handwerk zuzuwenden und es nicht zu erlernen?" Lerne das Handwerk deiner Menschwerdung und höre auf zu jammern!

Der Engel der Ausdauer möchte dich anleiten, dranzubleiben an dem, was du dir vorgenommen hast. Ein Sprichwort lautet: „Der Weg zur Hölle ist mit guten Vorsätzen gepflastert." Wenn du dir immer wieder etwas vornimmst, es aber nicht durchführst, dann bereitest du dir selbst die Hölle, jetzt schon. Dann wird dein Leben jetzt schon ein

Feuer von Selbstvorwürfen und Selbstbeschuldigungen, das dich auffrisst. Ohne Ausdauer hat dein Leben keinen Bestand. Dauer kommt von *durare*: währen, bleiben, Bestand haben, sich ausstrecken. Wenn du dich ohne Ausdauer an die Arbeit machst, dann bekommst du nie einen festen Stand. Du fliegst überall herum, nippst an allem. Aber es kann nichts wachsen. Bestand hat etwas nur, wenn es sich einwurzeln kann. Jesus selbst vergleicht solche Menschen ohne Ausdauer mit dem felsigen Boden, auf den das Wort Gottes fällt. „Sie haben keine Wurzeln, sondern sind unbeständig, und wenn sie dann ... bedrängt oder verfolgt werden, kommen sie sofort zu Fall" (Mk 4,17). Sobald es mühsam wird, sobald sie Widerstand spüren, geben sie auf. Das führt dazu, dass sie sich allmählich gar nichts mehr zutrauen.

Überlege dir, wozu du in der nächsten Zeit den Engel der Ausdauer brauchst. Vielleicht ist es deine Arbeitsstelle, in der nicht alles so läuft, wie du es gerne hättest. Wenn du dranbleibst, wenn du nicht gleich aufgibst, wenn du dir nicht ständig einredest, dass da einfach nichts zu machen sei, dann wirst du sehen, dass sich die Situation an deinem Arbeitsplatz verwandeln kann. Oder es ist eine Schwäche, an der du arbeitest. Du denkst, du hast dir so oft schon vorgenommen, deinen Jähzorn besser in den Griff zu bekommen oder mit deinen Essproblemen besser zurechtzukommen. Aber es hat alles nichts genutzt. Zunächst musst du dir realistische Ziele stecken und nicht irgendwelchen Illusionen nachjagen. Du musst sehen, was du wirklich ändern kannst und was einfach dein Charakter ist, mit dem du dich aussöhnen musst. Aber wenn du dir etwas vornimmst, was du bei dir ändern willst, dann musst du auch dranbleiben. Wenn es nicht gelingt, dann musst du dich fragen, ob du falsch angesetzt hast oder dir zu viel vorgenommen hast. Dann setzt du dir zunächst einmal bescheidenere Ziele. Aber du bleibst dran. Und du wirst sehen, dass die Ausdauer belohnt wird. Der Engel der Ausdauer wird dir das Gefühl geben: Es ist möglich, dass sich in mir etwas verwandelt. Es macht Spaß, wenn ich mit Ausdauer an der Sache bleibe. Ich bin nicht einfach den

Tatsachen ausgeliefert. Es lässt sich etwas tun. Und vertraue darauf, dass du nicht alleine bist. Wenn du aufgeben möchtest, schau dich um! Dann wirst du neben dir den Engel der Ausdauer sehen. Er wird nicht von dir weichen, bis dein Leben eine feste Grundlage bekommt, bis es Bestand hat und Dauer.

43

Der Engel des Vertrauens

Immer wieder höre ich die Klage: „Ich kann nicht vertrauen. Ich habe als Kind kein Urvertrauen mitbekommen. Mein Vertrauen ist so oft enttäuscht worden. Auch beim besten Willen gelingt es mir nicht mehr, einem andern zu vertrauen." Solche Menschen sind und bleiben einsam. Sie trauen sich nicht, auf einen andern zuzugehen, aus Angst, wieder enttäuscht zu werden. Sie trauen auch der Liebe eines andern nicht. Sofort kommen Zweifel: „Der liebt mich ja nur, weil er Mitleid hat mit mir, oder weil er etwas von mir will, weil er mit mir seine eigenen Ziele verfolgen will." Solchen Menschen hilft es wenig, wenn ich ihnen sage: „Du musst halt einfach vertrauen!" Sie möchten ja vertrauen, aber sie können es nicht. Die Ursache liegt normalerweise in der Kindheit. Und die konnten sie sich nicht aussuchen. Der eine hat von Kind an die Verlässlichkeit seiner Eltern erfahren. So kann er nicht nur ihnen vertrauen, sondern er geht auch vertrauensvoll auf die Menschen zu. Ja, er hat ein Grundvertrauen in das Leben, in das Sein, in Gott. So kann er sein Leben wagen. Er geht auch das eine oder andere Risiko ein, weil er vom Vertrauen getragen wird, dass alles gut wird.

Wenn ich dir den Engel des Vertrauens wünsche, so vertraue ich darauf, dass du nicht einfach dem Misstrauen ausgeliefert bist, das du als Kind mitbekommen hast. Du kannst Vertrauen lernen. Du kannst beim Engel des Vertrauens in die Schule gehen. Allerdings kannst du nicht einfach beschließen, von heute an zu vertrauen. Vertrauen muss wachsen. Da braucht es positive Erfahrungen von anderen Menschen, die sich als verlässlich und vertrauenswürdig erweisen. Aber es braucht auch bei dir die Bereitschaft, dem Vertrauen zu trauen, das dir andere entgegenbringen. Wenn du mit deinen misstrauischen Augen den Freund oder die Freundin betrachtest, so haben sie keine Chance, dir ihr Vertrauen zu beweisen. Du wirst alles, was sie sagen und tun, negativ auslegen. Du musst das Vertrauen also zumindest ausprobieren. Du fragst, wie das geht? Du kannst so tun, als ob das Vertrauen stimmt. Du kannst einmal das Experiment machen, wie es dir geht, wenn du alles, was dir dein Freund sagt, für bare Münze nimmst, wenn du ihm völlig vertraust. Natürlich werden sich auch da in dein Vertrauen wieder Zweifel einschleichen. Aber du musst dir dann die Zweifel für später zurückhalten. Versuche erst einmal, zumindest eine Woche lang deiner Freundin zu vertrauen. Du wirst sehen, wie dir das guttut und wie es sich mehr und mehr als richtig erweist, ihr zu vertrauen.

Natürlich ist immer ein Risiko dabei, wenn du vertraust. Du hast keine Garantie, dass das Vertrauen gerechtfertigt ist. Mir hilft dabei, dass ich mich noch auf eine tiefere Weise getragen fühle. Ich weiß mich von einer höheren Kraft getragen. Selbst wenn ein Mensch mein Vertrauen missbraucht, vertraue ich Gott, der mich in seinen guten Händen hält. Dieses Vertrauen auf Gott bewahrt mich davor, dass ich in einen Abgrund der Depression stürze, wenn ein Mensch mein Vertrauen missbraucht.

Seit jeher haben die Menschen darauf vertraut, dass ein Schutzengel sie begleitet. Diesen Schutzengel haben sie nicht nur bei Gefahren im Straßenverkehr angerufen, sondern immer auch dann, wenn sie Angst hatten, dass ihr Vertrauen missbraucht werden könnte, wenn sie im Zweifel waren, ob sie diesem oder jenem vertrauen sollten. Ich wünsche dir, dass du dich immer vom Engel des Vertrauens umgeben weißt. Dann musst du nicht hundertprozentig genau wissen, ob du diesem Menschen gerade vertrauen kannst oder nicht. Du fällst nicht aus dem Vertrauen heraus, selbst wenn jemand dich enttäuscht. Der Engel des Vertrauens wird dich weiterhin begleiten und dir immer wieder Mut machen, dir selbst zu trauen und das Vertrauen auf Menschen zu wagen. Vertrauen meint ja gerade, dass ich mich auf etwas beziehe, was nicht in meiner Macht steht.

Weil das Wagnis wesentlich zum Vertrauen gehört, ist es gut zu wissen, dass ein Engel des Vertrauens mich umgibt. Der Engel hat Kontakt zu dem, was sich meiner Macht entzieht. Er schenkt mir auf einer tieferen Ebene das Vertrauen, das ich in Bezug auf Menschen brauche. Er führt mich zu einem Vertrauen, das durch Menschen nie völlig zerstört werden kann, weil es auch ihrer Macht entzogen ist.

Dieses Vertrauen schenkt mir die Freiheit, immer wieder vertrauensvoll auf andere zuzugehen. Und es ermöglicht mir, mein Leben zu wagen, ein Risiko einzugehen. „Wer wagt, gewinnt", sagt ein Sprichwort. Wer alles zuvor kontrollieren will, ob es auch gelingt, dem wird das Leben zwischen seinen Fingern zerrinnen. Der Engel des Vertrauens will dich immer tiefer einführen in das Vertrauen zum Leben und in das Vertrauen zu den Menschen. Du wirst sehen, dass du nicht festgelegt bist durch das brüchige Vertrauen, das du als Kind erworben hast. Ein Engel will dein Vertrauen auf eine solide Grundlage stellen, auf der du dein Leben aufbauen kannst.

44

Der Engel der Barmherzigkeit

Barmherzig ist, wer ein Herz hat für die Armen, für die Verwaisten und Unglücklichen, für die Einsamen und Bemitleidenswerten. Aber bevor er ein Herz für die Armen haben kann, muss er zuerst ein Herz für das Arme und Unglückliche in sich selbst haben. Wir müssen zuerst lernen, mit uns selbst barmherzig umzugehen. Das deutsche Wort Barmherzigkeit ist eine wortgetreue Übersetzung des lateinischen *misericordia*, ein Herz für die Elenden und Unglücklichen haben. Wenn die Juden von Barmherzigkeit sprechen, denken sie an den Mutterschoß. Der barmherzige Gott trägt uns voller Liebe in seinem Mutterschoß. Wie eine Mutter kann er warten, bis wir mehr und mehr in das Bild hineinwachsen, das Er sich von uns gemacht hat. Wenn Jesus sich der Menschen erbarmt, dann benutzt die Bibel oft das griechische Wort *splanchnizomai*. Es bedeutet „in den Eingeweiden ergriffen werden". Die Eingeweide waren für die Griechen der Ort der verwundbaren Gefühle. Barmherzig sein heißt dann, den andern dort eintreten lassen, wo ich selbst verwundbar bin. Und noch ein anderes Wort kennt die Bibel für Barmherzigkeit: *eleos*, das Zärtlichkeit, Mitgefühl, Mitleid bedeutet.

Barmherzig mit sich selbst umgehen, heißt also zärtlich zu sich sein, gut mit sich umgehen, nicht gegen sich wüten, sich nicht mit Vorsätzen überfordern, sondern zunächst einmal: ein Herz haben für mich, so wie ich geworden bin, ein Herz haben für das Schwache und Verwaiste in mir. Wir gehen oft sehr unbarmherzig mit uns um. Wir verurteilen uns, wenn wir einen Fehler machen. Wir beschimpfen uns, wenn etwas einmal schiefläuft. Wir haben in uns einen unbarmherzigen Richter, ein hartherziges Über-Ich, das all unsere Gedanken und Gefühle beurteilt, das uns bestraft, wenn wir seinen Forderungen nicht entsprechen. Gegen dieses unbarmherzige Über-Ich kommen wir oft nicht an. Da brauchen wir die Worte Jesu, der uns den barmherzigen Vater vor Augen führt, der den verlorenen Sohn nicht verstößt, sondern ein Fest mit ihm feiert, weil er, der verloren war, wiedergefunden wurde, weil er, der tot war, wieder zum Leben erweckt wurde. Da brauchen wir einen Engel der Barmherzigkeit, der den inneren Richter in uns entmachtet und unser Herz mit erbarmender Liebe erfüllt. Es genügt nicht, sich nur mit dem Verstand und Willen Barmherzigkeit vorzunehmen. In unserem Unbewussten nistet die Unbarmherzigkeit eines harten Über-Ichs. Um es zu überwinden, bedarf es des Engels der Barmherzigkeit in uns.

Und wenn wir mit uns barmherzig umgehen, dann können wir auch die Barmherzigkeit andern gegenüber lernen. Ich kenne viele Menschen, die sich barmherzig für kranke und einsame Menschen einsetzen, die aber ganz und gar unbarmherzig mit sich selbst umgehen. Für jeden andern Menschen haben sie ein Herz, nur für sie selbst ist kein Platz in ihrem Herzen. Da zwingen sie sich, alle eigenen Bedürfnisse zu unterdrücken, nur um für die andern da zu sein. Doch solche Unbarmherzigkeit sich selbst gegenüber wird auch die Hilfe andern gegenüber verfälschen. Da wird sich in meine Liebe ein Besitzanspruch einschleichen. Da bin ich dann ärgerlich, wenn meine übergroße Liebe nicht honoriert wird. Damit ich den andern von Herzen liebe, damit ich wirklich ein Herz für ihn oder sie haben kann, muss ich zuerst selbst in Berührung kommen mit meinem Herzen, muss ich mein Herz zunächst all dem Armen und Unglücklichen in mir zuwenden. Dann kann ich barmherzig sein. Dann werde ich andere nicht verurteilen, sondern ich werde sie gerade mit all dem Unglücklichen, Zerrissenen, Elenden, Unansehnlichen in mein Herz aufnehmen. Dann wird meine Hilfe ihnen kein schlechtes Gewissen vermitteln. Sie werden vielmehr Platz und Heimat finden in meinem Herzen.

Ich wünsche dir, dass dich der Engel der Barmherzigkeit lehrt, dein Herz zu öffnen für das Arme in dir und in den Menschen. Dein Herz wird dann wie ein Mutterschoß sein, in dem du selbst und andere heranwachsen können. In deiner Nähe werden dann auch andere mit ihrem Herzen in Berührung kommen und aufhören, sich unbarmherzig zu verurteilen. „Wer ein Herz hat, kann gerettet werden", sagt ein Mönchsvater aus dem 4. Jahrhundert. Wenn du ein Herz hast für das Arme und Schwache, dann wird dein Leben gelingen. Dann wird sich der Engel in dir freuen über die Barmherzigkeit, die dein Herz bewohnt.

45
Der Engel des Trostes

Trost ist immer dann gefragt, wenn wir einen Verlust erfahren haben, wenn eine Freundschaft zerbrochen ist, wenn ein Mensch uns tief verletzt hat, wenn ein geliebter Mensch im Tod von uns gegangen ist. Wie die Erfahrung des Trostes verschieden sein kann, das zeigt uns ein Blick auf die Sprache. Das deutsche Wort Trost kommt vom gleichen Wortstamm wie Treue. Es hat also mit Festigkeit zu tun. Wer einen Verlust erlitten hat, der verliert sein Gleichgewicht. Er braucht jemanden, der ihm wieder Festigkeit und Standvermögen schenkt. Die griechische Bibel verwendet für das Wort Trösten *parakalein*. Es bedeutet: herbeirufen, einladen, zur Hilfe auffordern, ermuntern, trösten, mit guten Worten zusprechen. Wer an einer Mangelerfahrung leidet, der braucht einen Engel, der ihm zur Seite steht, der ihm unter die Arme greift, wenn er es nötig hat, und der ihm gut zuredet. Trösten geschieht für die Griechen vor allem im Reden, im Zusprechen von Worten, die wieder einen Sinn stiften in der Sinnlosigkeit, den jeder Verlust erst einmal verursacht. Aber die Worte dürfen kein bloßes Vertrösten sein. Denn das Vertrösten geht am Menschen vorbei. Im Vertrösten rede ich nicht gut zu, sondern am andern vorbei. Ich sage irgendetwas, von dem ich selbst nicht überzeugt bin. Ich nehme Worte in den Mund, die keinen Halt geben und keinen Sinn stiften. Trösten aber heißt, zum andern hin sprechen, Worte sagen, die ihn erreichen, die ihm ganz persönlich gelten, die zu seinem Herzen vordringen. Trösten heißt, Worte finden von

Herz zu Herz, Worte, die aus meinem Herzen kommen und nicht auf irgendwelche leeren Floskeln zurückgreifen, Worte, die das Herz des andern berühren, die ihm einen neuen Horizont eröffnen und ihm einen festen Stand ermöglichen.

Im Lateinischen heißt Trösten *consolari*. Es bedeutet letztlich, mit dem sein, der allein ist, der alleingelassen ist mit seinem Schmerz, mit seinem Verlust, mit seiner Not. Trösten heißt dann, eintreten bei dem, der in sich selbst verschlossen ist, dem die Not den Mund und das Herz verschlossen hat. Nicht jeder kann das. Nicht jeder hat den Mut, bei dem anzuklopfen, der sich hinter seinem Schmerz verschanzt hat. Nicht jeder hat den Mut, in ein Trauerhaus einzutreten, in dem ihn die abgründige Not und Einsamkeit des andern erwartet. Mit dem andern sein heißt auch, seinen Schmerz zu teilen und bei ihm in seinem Schmerz zu bleiben. Ich kann den andern nicht von außen her trösten, indem ich auf fromme Worte zurückgreife, die ich anderswo gelesen habe. Ich muss bei ihm eintreten. Ich muss es aushalten in seinem Haus der Dunkelheit, der Zerrissenheit, des Leids. Wenn du es vermagst, in das Haus der Trauer einzutreten, dann empfindet dich der Trauernde wie einen Engel des Trostes. Dann erfährt er, dass in dir der Engel Gottes ihn besucht wie „das aufstrahlende Licht aus der Höhe" (Lk 1,78).

Seit jeher haben die Menschen in ihrem Schmerz den Engel des Trostes beschworen, dass er zu ihnen kommen und bei ihnen bleiben möge. Eindrucksvoll hat das Johann Sebastian Bach in seiner Tenorarie aus der Kantate zum Michaelisfest besungen: „Bleibt ihr Engel, bleibt bei mir! Führet mich auf beiden Seiten, dass mein Fuß nicht möge gleiten." Es ist ein inbrünstiges Lied, das darauf vertraut, dass wir nicht alleingelassen sind mit unserem Leid, sondern dass die Engel Gottes uns begleiten und bei uns bleiben und ausharren, bis sich unser Schmerz in ein Danklied verwandelt. Ich wünsche dir, dass dich in deiner Trauer auch ein Engel tröstet, dass er dir wieder Standfestigkeit verleiht, wenn du ins Wanken geraten bist, dass er dir gut zuredet, dass er gute Worte zu dir spricht, wenn du vor Schmerz sprachlos geworden bist, dass er dich in Deiner Einsamkeit besucht und dir das Gefühl vermittelt, dass du nicht mehr allein bist, dass da ein Engel an deiner Seite steht, der alle Wege mit dir geht. Wenn du um den Engel des Trostes weißt, dann kannst du dich getrost deiner Trauer stellen, dann musst du sie nicht überspringen. Die getröstete Trauer wird dich nicht mehr lähmen, sondern dich tief in das Geheimnis deines eigenen Seins führen und in das Geheimnis Jesu Christi, der herabgestiegen ist in unsere Trauer als der „Trost der ganzen Welt".

46

Der Engel der Klugheit

Die Klugheit ist die erste der vier Kardinaltugenden. Sie ist die Fähigkeit, herauszufinden, was hier und jetzt für mich angemessen und zuträglich ist. Im Lateinischen heißt Klugheit *prudentia*. Das kommt von *providentia* und meint Vorsicht, Voraussicht. Der Kluge sieht voraus. Er handelt mit Umsicht. Er sieht über das gerade Vorhandene hinaus. Er hat einen weiten Horizont. Er beurteilt die Wirklichkeit so, wie sie ist. Für den griechischen Philosophen Aristoteles ist die Klugheit die Voraussetzung aller anderen Tugenden. Ich muss erst die Wirklichkeit richtig erkennen. Dann kann ich auch seinsgerecht handeln. Die Tugend macht nach Josef Pieper „den Menschen tauglich, das zu sein und das zu tun, wozu er eigentlich da ist". Mein Leben wird nur taugen, wenn ich es der Wirklichkeit entsprechend ausrichte. Die Alten unterscheiden die Klugheit von der Weisheit. Die Weisheit erkennt das Geheimnis des Seins, die Klugheit dagegen sieht, wie sie die Erkenntnis der Wirklichkeit in jedem Augenblick anwenden und ins praktische Leben umsetzen soll.

Du brauchst den Engel der Klugheit, wenn du eine Entscheidung treffen musst. Dein Engel der Klugheit sieht weiter als du. Er hat einen größeren Horizont. Er sieht voraus (= *providentia*), welche Folgen deine Entscheidung haben könnte. Du musst deinen Engel der Klugheit befragen, um unterscheiden zu können, was die tiefsten Motivationen für deine Entscheidungen sind und welche Entscheidung der Wirklichkeit am meisten gerecht wird. Du brauchst den

Engel der Klugheit, wenn du eine Situation richtig beurteilen sollst. Du wirst dazu gerufen, einen Streit zu schlichten. Viele meinen da im Übereifer, sie bräuchten nur zu lieben. Dann würde sich schon alles wieder einrichten. Der Kluge sieht sich die Situation genau an. Er fragt nach den Ursachen des Konfliktes. Er erkundigt sich nach den verschiedenen Meinungen. Und erst wenn er alles gehört und bedacht hat, fällt er ein Urteil, sucht er nach Wegen, den Streit zu schlichten. Der Kluge sieht alles und versucht, alles zu verstehen, um richtig urteilen zu können.

Jesus nennt den einen klugen Mann, der sein Haus auf einen Felsen baut. Er handelt nicht schnell und hastig. Er baut sein Haus nicht auf den Sand seiner Illusionen, nicht auf den Sand seiner Begeisterung, sondern auf den Fels richtiger Lebensführung, wie sie Jesus in der Bergpredigt dargelegt hat. Der kluge Mann erwägt alles. Er handelt überlegt. Und er weiß, worauf es ankommt. Der Kluge ist nicht der Vielwisser, sondern der, der das Wesentliche erkennt und bedenkt. Jesus lobt die Klugheit des ungerechten Verwalters, der in einer schwierigen Situation genau die richtige Lösung findet. In einer aussichtslosen Lage erkennt er, wie er mit seiner Schuld so umgehen kann, dass er seine Selbstachtung nicht verliert. Der Kluge findet die Lösung, die für den Augenblick angemessen ist. Die klugen Jungfrauen sehen sich vor. Sie schauen über den Augenblick hinaus und bedenken die Zukunft. Die törichten Jungfrauen leben nur in den Augenblick hinein. Die Klugheit ist offensichtlich die Voraussetzung, dass unser Leben gelingt.

Im Deutschen verbinden wir mit Klugheit oft Gerissenheit. Doch das ist nicht damit gemeint. Das deutsche Wort „klug" heißt eigentlich: fein, zart, zierlich, gebildet, geistig gewandt, mutig, beherzt. Der Kluge denkt nicht allein mit dem Verstand, sondern mit dem Herzen. Er ergreift beherzt die Gelegenheit, die sich ihm bietet. Und er sieht die feinen Unterschiede, die manchem groben Geist verborgen bleiben. Klugheit ist die praktische Vernunft, die das Wissen umsetzt in ein Tun, das der Wirklichkeit angemessen ist. So hilft das Vielwissen wenig, wenn du nicht erkennst, was jetzt in diesem Augenblick richtig ist. So wünsche ich dir den Engel der Klugheit, dass du in jedem Augenblick den Weg erkennst, der dich weiterführt, der dich hineinführt in größere Freiheit und Weite und Liebe.

47

Der Engel der Ehrfurcht

D as Wort Ehrfurcht verbindet die Furcht mit der Ehre. Hier ist mit Furcht nicht die Angst vor Menschen oder vor gefährlichen Situationen gemeint, sondern die Scheu, die nicht zudringlich wird, sondern den gebührenden Abstand hält. Das Gefühl der Ehrfurcht entstammt dem religiösen Bereich. „Es ist die Empfindung des Heilig-Unnahbaren, das für die frühe Daseinserfahrung alles Hohe, Mächtige, Herrliche umgab" (Romano Guardini). Der Ehrfürchtige nimmt nicht in Besitz, was er bewundert. Er tritt vielmehr scheu zurück. Er erweist dem Menschen, der Schöpfung, dem Bestaunten die nötige Ehre. Er will nicht aufdringlich eindringen in das Geheimnis eines Menschen. Er lässt das Geheimnis stehen. Romano Guardini meint, alle wirkliche Kultur beginne damit, dass der Mensch zurücktritt, dass er der Person ihre Würde lässt und dem Werk seine Schönheit. Echte Kultur braucht die Ehrfurcht. Engel vermitteln in allen Religionen den Menschen das Gefühl von Ehrfurcht. Sie zeigen ihm, dass da etwas Jenseitiges in sein Leben tritt, etwas, das ihn unbedingt angeht, etwas, das ihn übersteigt, vor dem er nur staunend zurücktreten kann.

In der Ehrfurcht verzichte ich darauf, alle Neuigkeiten von einem Menschen zu erfahren, selbst die intimsten Bereiche noch zu erforschen. Für den heiligen Benedikt heißt Ehrfurcht vor dem Menschen letztlich, an den guten Kern im andern zu glauben, im andern den göttlichen Funken, im andern Christus selbst zu sehen. Ich lege den andern nicht fest auf seine Fehler und Schwächen, sondern ich sehe tiefer. Ich erkenne hinter seiner manchmal wenig erbaulichen Fassade seine eigentliche Sehnsucht. Im Grunde seines Herzens sehnt sich jeder Mensch danach, gut zu sein. Ich leugne das Böse nicht, das ich Menschen tun sehe. Aber ich verurteile den Menschen nicht. Ich versuche, hinter die Kulissen des Bösen zu schauen. Und da erkenne ich, dass keiner aus Lust das Böse tut, sondern immer aus Verzweiflung, wie Albert Görres, der Münchner Psychiater, einmal gesagt hat.

Die Ehrfurcht hat mit Achtung zu tun. Ich achte den Menschen nicht wegen seiner Leistung, sondern weil er Mensch ist. Wenn sich Menschen geachtet fühlen, richten sie sich auf. Sie entdecken ihre göttliche Würde wieder. Mir ist heute noch in Erinnerung, wie ein argentinischer Freund von meinem Vater gesagt hat: „Bei dem fühlt man sich geachtet." Das war für ihn in der Fremde eine wichtige Erfahrung, dass er nicht als Ausländer abgestempelt wurde, sondern sich als Mensch geachtet fühlte. Die Ehrfurcht achtet die Grenzen, die der andere gewahrt wissen möchte. Sie achtet die Intimität des Menschen. Solche Engel der Ehrfurcht bräuchten wir heute in einer Zeit, in der man voller Sensationsgier gerade das veröffentlichen will, was das Allerpersönlichste ist. Die Ehrfurcht schafft eine Atmosphäre von Feingefühl und Lebensschutz, von Zartheit und Achtung, die uns guttut. In ihr fühlen wir uns wahrhaft als Menschen mit einer unantastbaren Würde.

Ehrfurcht hat mit Größe zu tun. Heute besteht ja die Sucht, den vermeintlich Großen in den Schmutz zu ziehen. Wer kleinlich ist, kann es nicht aushalten, dass es echte menschliche Größe gibt. Also muss er die Schwächen ausspionieren, um sich selbst zu beweisen, dass es keine menschliche Größe geben kann, um sich in seiner Banalität zu rechtfertigen. In der Ehrfurcht lasse ich das Große gelten, freue mich daran. Und indem ich mich daran freue, bekomme ich selbst an der Größe des Bestaunten Anteil. Ehrfurcht gibt es aber nicht nur vor dem Großen, sondern auch vor dem Kleinen, vor dem Wehrlosen, vor dem Verwundeten. Die Ehrfurcht erkennt die göttliche Würde, die gerade auch im entstellten Antlitz eines Gefolterten aufleuchtet. Wer die Wehrlosigkeit eines Menschen ausnützt, ist schamlos. Er erniedrigt den Menschen. Die Ehrfurcht erhöht den Menschen. Sie gibt ihm den Raum, in dem er in Freiheit seine eigene Würde entdeckt und sich aufrichten kann.

Wir bräuchten heute bei vielen Gelegenheiten Engel der Ehrfurcht, die das Klima der Sensationsgier und des Zynismus verwandeln in Achtung vor der Würde des Menschen. Wenn so ein Engel der Ehrfurcht auf eine Party käme, dann würde der Klatsch über die andern aufhören, dann würde eine Atmosphäre der Achtung entstehen, in der jeder er selbst sein darf, in der sich jeder geachtet weiß. Wenn so ein Engel der Ehrfurcht in die Diskussion eines Stadtparlamentes hereinschneien würde, dann würden die verletzenden Vorwürfe an die Vertreter der anderen Partei verstummen. Sie würden als unanständig entlarvt. Wenn so ein Engel der Ehrfurcht in eine Gemeinschaft eintreten würde, dann würde die Neugier verebben, in das Geheimnis jedes Einzelnen eindringen zu wollen. Dann würden wir nicht ständig versuchen, den andern zu ändern. Wir würden ihn erst einmal als Person wahrnehmen und ihn achten, so wie er ist. Erst in so einem Klima der Ehrfurcht und Achtung kann er sich ändern, ohne seine Selbstachtung aufgeben zu müssen. Weil er um seine Würde weiß, kann er sich ändern, kann er mehr in die Gestalt hineinwachsen, die seiner göttlichen Würde entspricht.

Ich wünsche dir, dass du neben vielen Engeln der Ehrfurcht leben darfst. Dann wird in dir das Gespür für das tiefe Geheimnis, das in dir ist, wachsen. Du wirst erfahren, was Menschsein heißt. Und du wirst Freude haben an deinem Menschsein. Und ich wünsche dir, dass du für andere zum Engel der Ehrfurcht werden darfst und dass du deinen Nächsten mit den Augen des Engels sehen lernst. Dann wirst du für andere einen Raum eröffnen, in dem sie ganz sie selbst sein dürfen.

48

Der Engel des
Verstehens

Die Psychologie versucht, den kranken Menschen zu heilen, indem sie ihn versteht, ohne zu werten, ohne zu beurteilen, ohne zu verurteilen, was immer er auch erzählen mag. Wenn sich ein Mensch verstanden fühlt, dann kann er alles, was in ihm ist, aussprechen. Dann hat er keine Angst mehr, irgendetwas zu verheimlichen. Er spürt, bei diesem Menschen ist alles gut aufgehoben. Er versteht mich, und so ermöglicht er mir, mich selbst besser zu verstehen. Ein Mensch, der mich versteht, ohne mich zu beurteilen oder gar zu verurteilen, hat eine heilende und befreiende Wirkung auf mich. Endlich kann ich einmal das sagen, was mich schon lange bedrängt, was ich aber immer hintangehalten habe, weil ich mich dafür geschämt habe, weil es meinen moralischen Vorstellungen nicht entspricht. Und indem ich es vor dem andern offen ausspreche, verliert es seine vergiftende Wirkung. Da brauche ich nicht mehr meine ganze Energie, um das Unangenehme und Unaussprechliche zu verheimlichen. Es kommt aus dem Versteck ans Licht, und so kann es sich verwandeln.

Das Wort Verstehen kommt von stehen. Die Vorsilbe „ver" ist verwandt mit dem lateinischen „*pro* = für" und „*prae* = vor" und „*per* = durch". Wer mich versteht, der stellt sich vor mich, der schützt mich vor den Projektionen, die andere auf mich werfen. Er stellt sich vor mich hin, damit ich hinter ihm lerne, zu mir zu stehen. Und er steht für mich ein, damit ich für mich selbst einstehen kann. Er steht zu mir, damit ich besser zu mir stehe, damit ich einen besseren Stand bekomme. Und er steht meine Probleme durch. Er gerät nicht so leicht ins Wanken, wenn er von meiner Haltlosigkeit hört. Indem er meine Situation durchsteht, befähigt er auch mich, mein Leben durchzustehen, Stehvermögen zu zeigen. Wenn mich ein Engel des Verstehens besucht, dann lerne ich, besser zu stehen, meinen Standpunkt zu finden, für mich einzustehen und zu mir zu stehen. Ich bekomme allmählich Stehvermögen. Ich wackle nicht mehr hin und her, weil ich nicht weiß, was mit mir los ist. Ich kann zu mir stehen, weil mich ein anderer versteht und mir mit seinem Verständnis Beistand leistet, damit ich mein Leben durchstehen kann.

Von zwei Freunden sagen wir, sie würden sich blendend verstehen. Ich sehne mich nicht nur nach einem, der mich versteht, sondern auch nach einem Freund, mit dem ich mich verstehe. Menschen, die sich blind verstehen, bei denen es nicht ständige Missverständnisse gibt, stehen auf gutem Fuß miteinander. Sie stehen gut zueinander. Sie stehen zusammen. Und jeder lässt dem andern seinen Stand. Er muss sich nicht nach mir richten. Er darf sein, wie er ist. Er darf sich geben, wie er sich fühlt. Er muss seinen Stand nicht nach dem meinen richten. Sich-Verstehen heißt, dass keiner den andern für sich benutzt, sondern dass beide gut zueinanderstehen, dass sie in guter Beziehung zueinander stehen. Das gelingt aber nur, wenn jeder für sich selbst gut stehen kann. Ich kann mich mit dem Freund nur dann gut verstehen, wenn ich mich selbst verstehe, wenn ich genügend Selbsterkenntnis gewonnen habe. Wenn ich nur stehen kann, wenn der andere bei mir ist, dann werde ich abhängig von ihm. Und das ist gegen meine Würde. Um mich selbst zu verstehen, brauche ich den Engel des Verstehens. Er versteht mich besser als ich mich selbst. Er sieht Dinge in mir, die mir verborgen bleiben oder die ich nicht anschauen möchte. Er sieht sie, ohne mich zu bewerten. Er sieht und versteht. Das ermöglicht mir, mich zu sehen, wie ich bin, und mich zu verstehen, zu allem zu stehen, was in mir auftaucht.

Verstehen heilt. In einem Seelsorgegespräch geht es mir immer gut, wenn sich der andere verstanden fühlt. Dann entsteht auf einmal eine Nähe und Intensität. Dann kann sich der andere aufrichten. Sein Herz wird weit. Weil er sich verstanden fühlt, bekommt er einen neuen Stand. Er kann wieder atmen. Alle Angst, er sei nicht gut genug, er dürfe so nicht sein, wie er ist, verfliegt. Er spürt wieder Boden unter seinen Füßen. So wünsche ich dir, dass du vielen Engeln des Verstehens begegnen darfst, die dir ein neues Stehvermögen schenken. Und ich wünsche dir, dass du auch für andere so ein Engel des Verstehens sein darfst. Du wirst erleben, wie gut es dir selbst tut, wenn ein anderer zu dir sagt: „Von dir fühle ich mich verstanden. Bei dir stehe ich gerne. Bei dir ist gut stehen. Denn du stellst dich vor mich hin. Da treffen mich die Verurteilungen der andern nicht, da können auch die Selbstverurteilungen nichts anrichten. In deiner Nähe kann ich gut zu mir stehen."

49
Der Engel des Dunkels

Wenn ich dir den Engel des Dunkels wünsche, dann möchte ich nicht, dass es um dich herum und in dir dunkel wird. Ich bitte dann vielmehr darum, dass ein Engel dich in deiner Dunkelheit besucht und begleitet. Manchmal überkommt uns die Dunkelheit, ob wir wollen oder nicht. Manchmal wird es in uns dunkel. Da verdüstert sich auf einmal unsere Stimmung. Wir wissen es oft nicht, woher diese dunklen Gefühle kommen. Wenn wir an die Zukunft denken, stoßen wir nur auf Dunkelheit. Wir wissen nicht, wie es weitergehen soll. Wenn wir unsere Freundschaft, unsere Ehe betrachten, so stehen wir wie vor einer dunklen Wolke. Alles wird bedrohlich. Wir haben Angst, nicht mehr herauszufinden aus der Dunkelheit. Und wenn für dich der Glaube bisher ein Licht auf deinem Weg war, so kann es sein, dass sich auch der Glaube für dich verdunkelt, dass sich Gott hinter der Finsternis deines Herzens verbirgt.

Viele Menschen leiden heute an depressiven Stimmungen. In der Depression ist alles finster. Alles, woran man sich bisher gefreut hat, gleitet einem aus den Händen. Man hat den Eindruck, in einem dunklen Loch zu sitzen, aus dem man nicht mehr herausfindet. In diesem Loch spürt man nicht einmal sich selbst. Da wird alles fühllos, sinnlos, finster. Da erreicht einen das Licht menschlicher Liebe nicht mehr. Da gehen die gut gemeinten Worte an einem vorbei. Worte der Liebe wirken schal. Worte, die mir einen Rat geben möchten, verhallen wirkungslos. Ich höre die Worte, aber ich verstehe sie nicht. Sie sagen mir nichts. Sie erreichen mich nicht. Viele, die einem andern aus seinem dunklen Loch heraushelfen möchten, erfahren ihre Ohnmacht, da irgendetwas bewirken zu können. Da muss schon ein Engel kommen, der hinabsteigt in diese Dunkelheit und dem Menschen in seiner Nacht die Hand reicht. So ein Engel darf keine Angst vor der Dunkelheit haben. Er muss darauf vertrauen, dass er nicht in einen finsteren Abgrund fällt, sondern dass er selbst gehalten ist. Es braucht Mut, in das dunkle Loch hinabzusteigen, um bei denen zu sein, die da unten sitzen.

Der Engel der Dunkelheit ist auch der Engel der Nacht. Es ist der Engel, der im Traum zu uns spricht. „Nächtens will ich mit dem Engel reden, ob er meine Augen anerkennt", schreibt Rilke in einem Gedicht. Wenn wir gar nicht weiterwissen, wenn uns die Worte eines andern nicht erreichen, dann kann oft so ein Traum eine Wendung herbeiführen. Auf einmal hellt sich unser Geist wieder auf. Ich habe eine junge Frau begleitet, die vergewaltigt worden ist. All meine Worte haben sie kaum erreicht. Es blieb mir nichts anderes übrig, als ihre Not und ihren Schmerz anzuhören und ihre Tränen auszuhalten. Da träumte sie von einem Kind, das den Riesen auf der Nase herumtanzte. Auf einmal war alles in ihr anders. Zum ersten Mal schöpfte sie wieder Hoffnung. Zum ersten Mal fühlte sie sich wieder lebendig, bekam sie wieder Lust am Leben. Was all meine Worte nicht erreicht hatten, das hat der Engel der Nacht durch einen Traum bewirkt. In der Bibel schickt Gott oft seinen Engel, damit er den Menschen im Traum Weisung erteilt, damit er ihnen neue Wege aufzeigt und damit er ihnen die Gewissheit schenkt, dass Gott bei ihnen ist, dass ihr Leben gelingen wird. Joseph, der im tiefen Loch der Zisterne saß, ohne Aussicht auf Rettung, er hatte durch einen Traum die Gewissheit erhalten, dass sein Leben gelingen wird. Der Traum hat in die Finsternis seiner Zisterne Licht gebracht. So hat er sich selbst nicht aufgegeben, sondern an der Verheißung festgehalten, die ihm der Engel im Traum vermittelt hatte. Ich wünsche dir, dass dich der Engel der Nacht besucht und dir im Traum die nächsten Schritte zeigt, die dir heraushelfen aus der Dunkelheit und dich voranbringen auf dem Weg der Freiheit und der Liebe.

50
Der Engel der Stille

Engel sind zarte Wesen. Du kannst sie nicht festhalten. Engel kommen unverhofft. Du musst offen sein, um ihnen begegnen zu können. Engel kommen auf leisen Sohlen. Du brauchst viel Stille, um sie wahrzunehmen. Und es gibt einen Engel, der Dich einführen möchte in die Kunst des Schweigens, in die heilende Atmosphäre der Stille. Gerade in unserer lärmenden Welt brauchen wir viel Stille, um innerlich zu genesen. Von Kierkegaard stammt das berühmte Wort, dass er, wenn er Arzt wäre, den Menschen raten würde: „Schafft Schweigen!" Und Rabindranath Tagore lädt uns ein: „Bade deine Seele im Schweigen." Stille ist Arznei für unsere Seelen, die vom Lärm der Welt oft zugestopft sind, die nicht mehr atmen können, weil von überall her lärmende Gedanken und Bilder in sie eingedrungen sind.

Alles Große braucht die Stille, um im Menschen geboren zu werden. „Nur im Schweigen vollzieht sich echte Erkenntnis", meint Romano Guardini. Und Johannes Climacus, der Mönch der frühen Kirche, sagt: „Das Schweigen ist eine Frucht der Weisheit und besitzt die Kenntnis aller Dinge." Das Schweigen bereitet uns vor, richtig hinzuhören, auf die Zwischentöne zu hören, wenn ein Mensch zu uns spricht. Und das Schweigen ist die Voraussetzung, dass wir Gottes Stimme in unserem Herzen vernehmen. Viele jammern heute, dass sie Gott nicht erfahren, dass Gott ihnen fremd geworden ist. Aber sie sind so voller Lärm, dass sie die leisen Impulse, durch die Gott in ihrem Herzen spricht, überhören. Wir haben immer etwas zu tun.

Sobald so ein zarter Impuls in unserem Inneren auftaucht, schieben wir ihn schon weg und wenden uns dem Greifbaren zu. So werden wir nie Gottes Stimme vernehmen.

Stille kommt von stillen, beruhigen, zur Ruhe bringen. Die Mutter stillt das hungrige Kind, damit es aufhört zu schreien. Der Engel der Stille will unsere lauten Gedanken, unsere lärmenden Wünsche und Bedürfnisse zum Schweigen bringen, damit wir in uns den Raum der Stille entdecken. Die Mystiker sind überzeugt, dass in jedem von uns ein Raum der Stille ist, zu dem die Gedanken und Gefühle, die Wünsche und Bedürfnisse keinen Zutritt haben. Es ist auch der Raum, zu dem die Menschen mit ihren Erwartungen und Ansprüchen, mit ihren Urteilen und Verurteilungen nicht vordringen können. Es ist der Raum in mir, in dem ich ganz ich selber bin. Und es ist der Raum des Schweigens, in dem Gott selbst in mir wohnt. Dort bin ich wahrhaft frei. Dort hat keiner Macht über mich. Dort kann mich niemand verletzen. Dort bin ich heil und ganz. Für mich ist es ein tägliches Bedürfnis, mich hinzusetzen und zu meditieren. In der Meditation stelle ich mir vor, wie mich mein Atem und das Wort, das ich mit dem Atem verbinde, in diesen inneren Raum der Stille hineinführt. Dort haben die Menschen, die heute in mein Büro kommen, keinen Zutritt. Dort kann mich niemand mit seinen Wünschen und mit seinen Urteilen und Verurteilungen erreichen. Dort kann ich frei atmen. Dort bin ich allein mit meinem Gott. Das gibt meinem Leben Würde. In diesem inneren Raum der Stille komme ich in Berührung mit meinem wahren Selbst. Die Stille verwandelt mich, so wie sie die zänkische Frau von Rabbi Sussja verwandelt hat. Von ihr heißt es: „Von diesem Augenblick an wurde sie still. Und als sie still geworden war, wurde sie froh. Und als sie froh geworden war, wurde sie gut."

Gerade wenn du viel mit anderen Menschen zu tun hast, wenn viele etwas von dir wollen, wenn du dich in intensiven Gesprächen auf sie einlässt, brauchst du den Engel der Stille, der die vielen Worte, die du täglich hörst, in dir zum Schweigen bringt. Im Schweigen kannst du wieder aufatmen. Da kannst du alles abschütteln, was dir andere anvertraut haben. Der Engel der Stille möchte dich in den inneren Raum führen, zu dem auch die Menschen keinen Zutritt haben, für die du da bist. Nur wenn du in Berührung bist mit diesem inneren Raum der Stille, kannst du dich ohne Angst auf Menschen einlassen. Du brauchst dann nicht zu befürchten, dass dich die Probleme der andern bestimmen und überfordern, dass dich der Schmutz, den du im Gespräch oft mitbekommst, innerlich selber beschmutzt.

Es gibt einen Bereich, in dem du unberührt bleibst von all dem Schutt, den andere bei dir abladen möchten. In diesem inneren Raum der Stille bleibst du heil und ganz. Der Engel der Stille möge dich begleiten und dich immer wieder daran erinnern, dass in dir dieser Raum der Stille schon ist. Du musst ihn nicht schaffen. Du brauchst nur in Berührung zu kommen mit der Stille, die in dir ist und dich zu heilen vermag. Dort, im Raum des Schweigens, kannst du ausruhen. Dort bist du heil und ganz. Dort ist etwas Reines und Lauteres in dir, das durch den Lärm der Welt nicht getrübt werden kann.

Benutzte Literatur

Erhard Domay, Dein heiliger Engel sei mit mir. Gedanken und Bilder von den Wegen Gottes in unserer Welt, Lahr 1991.

Helmut Hark, Mit den Engeln gehen. Die Botschaft unserer spirituellen Begleiter, München 1993.

Herbert Vorgrimler, Wiederkehr der Engel? Ein altes Thema neu durchdacht, Kevelaer 1991, Neuausgabe 2008.

Jutta Ströter-Bender, Engel. Ihre Stimme, ihr Duft, ihr Gewand und ihr Tanz, Stuttgart 1988.

Otto Friedrich Bollnow, Wesen und Wandel der Tugenden, Berlin 1965; Neuausgabe: Schriften Band II, Die Ehrfurcht, Wesen und Wandel der Tugenden, Königshausen & Neumann 2009.